ENSINO FUNDAMENTAL

HISTÓRIA

Marlene Ordoñez
Lizete M. Machado

7º ano

1ª EDIÇÃO
SÃO PAULO
2012

Coleção Eu Gosto Mais
História – 7º ano
© IBEP, 2012

Diretor superintendente	Jorge Yunes
Gerente editorial	Célia de Assis
Editor	Pedro Cunha
Assistente editorial	Gabriele Cristine Barbosa dos Santos
	Ivi Paula Costa da Silva
	Juliana de Paiva Magalhães
Revisão	André Tadashi Odashuio
	Berenice Baeder
	Maria Inez de Souza
	Rhodner Paiva
Coordenadora de arte	Karina Monteiro
Assistente de arte	Marilia Vilela
	Tomás Troppmair
Coordenadora de iconografia	Maria do Céu Pires Passuello
Assistente de iconografia	Adriana Correia
	Wilson de Castilho
Cartografia	Mario Yoshida
	Heber Lisboa
Produção editorial	Paula Calviello
Produção gráfica	José Antonio Ferraz
Assistente de produção gráfica	Eliane M. M. Ferreira
Capa	Equipe IBEP
Projeto gráfico	Equipe IBEP
Editoração eletrônica	Tatiane Santos de Oliveira

CIP-BRASIL. CATALOGAÇÃO-NA-FONTE
SINDICATO NACIONAL DOS EDITORES DE LIVROS, RJ

O76h

Ordoñez, Marlene, 1941-
   História : 7º ano / Marlene Ordoñez, Lizete Mercadante Machado. - 1.ed. - São Paulo : IBEP, 2012.
   il. ; 28 cm   (Eu Gosto Mais)

   ISBN 978-85-342-3429-0 (aluno) - 978-85-342-3433-7 (mestre)

   1. História (Ensino fundamental) - Estudo e ensino. I. Machado, Lizete Mecadante. II. Título. III. Série.

12-5670.   CDD: 372.89
                      CDU: 373.3.0162:930

10.08.12   17.08.12   038033

1ª edição – São Paulo – 2012
Todos os direitos reservados

Av. Alexandre Mackenzie, 619 – Jaguaré
São Paulo – SP – 05322-000 – Brasil – Tel.: (11) 2799-7799
www.ibep-nacional.com.br   editoras@ibep-nacional.com.br

Apresentação

Caro aluno

Este livro representa o nosso compromisso com a educação. Foi escrito para ajudar você a aprender a História de uma forma gostosa e envolvente.

Queremos que vivencie os fatos históricos, reflita sobre eles e compreenda-os, para assim entender o mundo real. Desse modo, propomos muitas atividades nas quais você terá de dar opiniões, estabelecer relações entre passado e presente, tirar conclusões.

Nosso objetivo mais importante é motivá-lo a olhar o nosso tempo e as forças sociais que nele atuam, conscientizando-se de seu papel como cidadão capaz de escrever a própria história.

Bons estudos!

As autoras.

Sumário

Capítulo 1 – Primeiro Reinado 8
O que mudou com a independência 8
   Atividades 12
As lutas pela independência 13
O reconhecimento da independência 15
A Assembleia Constituinte 16
A Constituição outorgada de 1824 17
A Confederação do Equador 17
A perda da Cisplatina 19
A sucessão em Portugal 20
A abdicação de D. Pedro I 20
   Atividades 21

Capítulo 2 – Período Regencial 24
O imperador menino 24
   Atividades 27
Os grupos políticos 27
A Regência Trina Provisória 28
A Regência Trina Pernamente 28
A Regência Una do padre Feijó 29
A Regência Una de Pedro de Araújo Lima 29
O Golpe da Maioridade 30
   Atividades 30

Capítulo 3 – Rebeliões regenciais 33
Lutas sangrentas nas províncias 34
   Atividades 36
A Cabanagem 36
Revolta dos Malês 37
A Sabinada 37
A Balaiada 37

Guerra dos Farrapos 38
    Atividades 39

Capítulo 4 – Começa o Segundo Reinado 42
O destino do Brasil nas mãos de um jovem 42
    Atividades 44
Os partidos políticos 45
Explodem novas revoltas 45
O parlamentarismo 46
A política externa 46
    Atividades 50

Capítulo 5 – A economia no Segundo Reinado 52
Imaginando a vida numa fazenda de café 52
    Atividades 55
O café 56
Outros produtos agrícolas 58
A indústria brasileira 58
    Atividades 59

Capítulo 6 – Do trabalho escravo ao trabalho livre 61
A difícil conquista da liberdade 61
    Atividades 64
A abolição dos escravos 65
A imigração 67
    Atividades 69

Capítulo 7 – A crise da monarquia 72
O ideal republicano se fortalece 72
    Atividades 74
A Igreja contra o Estado 75
A Questão Militar – o Exército rompe com o governo 75
A república é proclamada 76
    Atividades 77

Capítulo 8 – A República da Espada 78
Brasil da República, ... 78
    Atividades 81
O governo provisório do marechal Deodoro 82
O primeiro presidente eleito: Deodoro da Fonseca 83

Floriano Peixoto governa 83
    Atividades 84

Capítulo 9 – A República Oligárquica 86
O poder dos coronéis 86
    Atividades 88
O governo de Campos Sales e a Política dos Governadores 89
O governo de Rodrigues Alves e a política de valorização do café 90
Afonso Pena – um mineiro no poder 90
A política do café com leite é quebrada 90
Venceslau Brás e a Primeira Guerra Mundial 91
A economia na República Velha 91
    Atividades 93

Capítulo 10 – As lutas populares na República Oligárquica 95
A vida dura do povo no campo e na cidade 95
    Atividades 97
    A Revolta de Canudos 98
O Contestado 100
A Revolta da Vacina 101
A Revolta da Chibata 103
    Atividades 104

Capítulo 11 – A queda da República Oligárquica 106
O Brasil está mudando 106
    Atividades 108
    A Reação republicana 110
O Tenentismo 110
A Coluna Prestes 112
A Revolução de 1930 112
    Atividades 114

Capítulo 12 – A Era Vargas 115
Imaginando o cotidiano: o operário e o industrial 115
    Atividades 118
O governo provisório 119
O governo constitucional 120
A campanha presidencial e o Estado Novo 120
    Atividades 121

Capítulo 13 – Fim da Era Vargas e o retorno da democracia **123**
O Brasil na Segunda Guerra Mundial 123
    Atividades 125
A ditadura chega ao fim... 126
O governo de Gaspar Dutra... 127
O governo de Vargas.. 128
O vice governa.. 130
O governo de Juscelino e a nova capital 130
Jânio governa por um curto período 131
O governo do vice João Goulart.. 132
O golpe militar de 1964.. 133
    Atividades 134

Capítulo 14 – O Estado autoritário **136**
O fim da democracia 136
    Atividades 139
O governo do marechal Castelo Branco... 139
O governo do general Costa e Silva.. 140
O governo do general Médici 142
O governo Geisel.. 143
O governo Figueiredo... 143
    Atividades 144

Capítulo 15 – A Nova República **147**
O retorno da democracia 147
    Atividades 148
O presidente morre, o vice governa 149
O governo Collor 151
O governo de Itamar Franco.. 152
O governo Fernando Henrique.. 152
O governo Lula... 153
O governo Dilma Rousseff... 154
    Atividades 155
Glossário... 157
Indicação de leituras complementares 160
Saiba pesquisar na internet... 163
Referências Bibliográficas 167

Capítulo 1
PRIMEIRO REINADO

O que mudou com a independência

Na tarde do dia 7 de setembro de 1822, ao voltar de Santos para a cidade de São Paulo, o príncipe regente D. Pedro, às margens do Riacho do Ipiranga, declarou o Brasil oficialmente desligado de Portugal. Seguindo seu exemplo, os homens de sua comitiva arrancaram as braçadeiras azuis e brancas, símbolo de fidelidade à Coroa portuguesa.

Independência ou Morte também conhecida como *O Grito do Ipiranga*. Obra pintada em 1888 por Pedro Américo (1843-1905) em Florença, Itália, por encomenda de D. Pedro II.

Aclamação de D. Pedro I imperador do Brasil, no dia 12 de outubro 1822. Obra do século XIX de Félix-Émile Taunay.

Quando a comitiva do príncipe regente chegou a São Paulo, a população da cidade, surpresa, tomou conhecimento da declaração de independência. A partir daí, a notícia começou a se espalhar.

São Paulo era uma cidade pequena, com pouco mais de 20 mil habitantes, dentre os quais havia funcionários de diversas categorias, artesãos, proprietários de terras, tropeiros de passagem e significativo número de escravos. As pessoas mais pobres moravam em casas muito simples, em ruas estreitas e sem pavimentação, e as mais ricas, em imponentes mansões, em ruas largas e pavimentadas, como as ruas Direita e São Bento.

Rua Direita em São Paulo, no século XIX. Aquarela de J. Wasth Rodrigues.

Esquina das ruas Quintino e Direita, no centro da cidade de São Paulo, SP, 2008.

No dia 9 de outubro, D. Pedro partiu de São Paulo e, cinco dias depois, chegou ao Rio de Janeiro. No dia seguinte, acompanhado de Dona Leopoldina, entrou no Teatro São Pedro, tendo no braço uma faixa verde com a divisa Independência ou Morte, em cor dourada.

A população do Rio de Janeiro imediatamente aderiu à moda do laço verde-amarelo.

No dia 12 de outubro, no Campo de Santana, uma multidão aplaudiu a aclamação de D. Pedro como Imperador Constitucional e Defensor Perpétuo do Brasil. Em 1º de dezembro, na Capela Imperial, em uma cerimônia privada e sem a participação popular, D. Pedro I foi coroado. O Brasil livre tinha como regime político a monarquia constitucional.

Estátua de D. Pedro I, localizada no Túnel do Tempo, no Senado Federal, Brasília, Distrito Federal. Foto de 2010.

Mas o que verdadeiramente mudou com a independência?

A declaração de independência não foi um ato isolado de D. Pedro. Na verdade, o "7 de setembro" representou a concretização das aspirações da camada dominante no Brasil, a aristocracia rural, formada pelos grandes proprietários de terras e de escravos.

Coroação de Dom Pedro, imperador do Brasil. Obra do século XIX de Jean-Baptiste Debret.

Concentrada basicamente no Rio de Janeiro, São Paulo e Minas Gerais, a aristocracia rural desejava a independência, mas não apoiava transformações radicais, como a adoção do regime republicano e a abolição dos escravos.

Assim, a monarquia brasileira foi organizada para garantir os interesses da aristocracia: consolidava a manutenção da unidade nacional, do escravismo e da grande propriedade.

Quando as camadas populares reagiam, incentivadas pelas dificuldades econômicas que experimentavam, pelas profundas diferenças sociais, pelo baixo padrão de vida etc., a aristocracia rural agia prontamente para abafar os conflitos ou moldá-los segundo seus interesses.

Para a maioria da população, afastada do processo político da independência, praticamente nada mudou.

O regresso de um proprietário, 1822. Litografia colorida de Jean-Baptiste Debret que mostra homens escravizados carregando o senhor na rede.

Leia o que o viajante francês Saint-Hilaire observou na época:

[...] O povo nada ganhou com a mudança operada. A maioria dos franceses lucrou com a Revolução que suprimiu privilégios e direitos auferidos por uma casta favorecida. Aqui, lei alguma consagrava a desigualdade, todos os abusos eram resultado do interesse e dos caprichos dos poderosos e dos funcionários. Mas são estes homens que, no Brasil, foram os cabeças da revolução [...].

SAINT-HILAIRE, Auguste. *Segunda viagem ao Rio de Janeiro, a Minas Gerais e a São Paulo (1822)*. Belo Horizonte: Itatiaia, 1974.

Coletores de impostos. Aquarela de 1826 de Jean-Baptiste Debret.

Um povo livre vive num país livre
na cidade livre, na rua livre
na casa livre.
Colônia e escravidão
caminham na mesma direção.
Quem declara independência
e não declara abolição
vai ver não é livre nada
apenas mudou de patrão.
A liberdade da Nação
é a soma das liberdades
de cada cidadão.

NASCIMENTO, Milton; BRANT, Fernando. "Carta à República". In *Yauaretê*. Milton Nascimento. CBS, 1987. CD.

A economia brasileira permaneceu com as mesmas características do período colonial: produção essencialmente agrária, voltada para o mercado externo, com uso de mão de obra escrava.

O Brasil também herdou os acordos que D. João VI havia assinado com a Inglaterra. Cedendo às pressões inglesas, D. Pedro I ratificou-os e, dessa forma, a economia brasileira continuou profundamente ligada aos interesses ingleses. O país possuía alto índice de importação de manufaturados, pois a produção interna era praticamente inexistente.

Compreender o que aconteceu no Brasil com a Proclamação da Independência é de grande importância para o entendimento dos acontecimentos políticos e econômicos que estudaremos a seguir.

ATIVIDADES

1 Descreva a cidade de São Paulo na época da Proclamação da Independência.

_____
_____
_____
_____

2 Observe com muita atenção as imagens na página 9. São retratos da Rua Direita na cidade de São Paulo em duas épocas distintas: no século XIX e no XXI. Compare-as, apresentando as semelhanças e as diferenças encontradas.

_____
_____
_____
_____

3 Na cidade onde você mora:

a) Quais são as diferenças entre os lugares onde moram as pessoas mais ricas e as mais pobres?

_____
_____
_____
_____

b) Quais são as diferenças no modo de viver dessas pessoas?

_____
_____
_____
_____

4 Recorte fotos, de jornais ou revistas, e, junto com o seu grupo, faça um cartaz com o título: "Diferentes modos de morar e de viver". Compare com os cartazes dos outros grupos e observe as semelhanças e as diferenças entre eles e o do seu grupo.

As lutas pela independência

Após o retorno de D. João VI para Portugal, em 1821, em várias províncias, funcionários, comerciantes e militares portugueses favoráveis às medidas das Cortes de Lisboa, que tentavam a recolonização do Brasil, recusavam-se a acatar as decisões de D. Pedro. Isso contrariava os interesses brasileiros, tornando inevitável a eclosão de conflitos. O 7 de setembro **acirrou** ainda mais os ânimos.

Para sufocar as revoltas, o governo de D. Pedro I procurou organizar um Exército nacional e contratou oficiais estrangeiros aptos a lutar em terra e no mar. Entre esses mercenários estavam o francês Labatut e os ingleses Grenfell, Taylor e lorde Cochrane.

> É preciso lembrar, porém, que várias batalhas decisivas dessas guerras tiveram a participação direta de tropas sertanejas, pouco organizadas, mas muito combativas. Não tinham armamento nem treinamento adequados, mas no calor da luta transformaram-se em temíveis batalhões de caboclos e **jagunços**.
>
> **Jagunços**: sertanejos pobres que moram de favor e prestam serviços aos grandes proprietários, fazendo parte de suas tropas particulares; nas campanhas pela Independência no interior do Nordeste, os sertanejos tiveram participação decisiva.
>
> SILVA, Arlenice Almeida da. *As guerras da Independência*. São Paulo: Ática, 1995. p. 7. Coleção Guerras e Revoluções Brasileiras.

O processo de consolidação da independência do Brasil provocou lutas armadas na década de 1820. Os principais conflitos ocorreram nas províncias da Bahia, Grão-Pará, Maranhão, Piauí e Cisplatina. Dentre elas, a Bahia foi o maior foco de resistência portuguesa.

Na **Bahia**, a maior autoridade militar era o general português Madeira de Melo. Os conflitos entre brasileiros e portugueses ocorreram antes mesmo do 7 de setembro. Tiveram início em fevereiro de 1822, em Salvador. Os portugueses cometeram vários excessos, invadindo inclusive, o convento da Lapa e assassinando a superiora, Joana Angélica, alegando que ela havia dado refúgio a um grupo de brasileiros.

Os baianos formaram batalhões compostos principalmente de mulatos e negros. Para ajudá-los, D. Pedro I enviou soldados, chefiados pelo general Labatut. A essas forças somaram-se as de lorde Cochrane.

Maria Quitéria (1792-1853)

Considerada heroína da Guerra da Independência, Maria Quitéria de Jesus Medeiros nasceu em 27 de julho de 1792, na freguesia de N. S. Do Rosário do Porto da Cachoeira (Bahia). Filha de Gonçalo Alves de Almeida e Joana Maria de Jesus.

Aos dez anos fica órfã de mãe, assume a responsabilidade de cuidar da casa e dos irmãos. Embora analfabeta, aprendeu a montar e usar armas.

Em 1822 o Exército brasileiro realizou campanhas para o alistamento de soldados para lutar pela consolidação da independência, frente à resistência dos portugueses na Bahia. Maria Quitéria pediu ao seu pai para se alistar, mas não obteve permissão. Fugiu, então, para casa de sua irmã Tereza e de seu cunhado, José Cordeiro de Medeiros e vestida com roupas de homem e com os cabelos cortados, alistou-se como soldado Medeiros.

[...] Combateu na foz do rio Paraguaçu, onde demonstrou heroísmo. Participou também dos combates na Pituba e em Itapuã, sendo sempre destacada por sua coragem. Com o fim da campanha na Bahia, foi ao Rio de Janeiro, onde recebeu das mãos do imperador D. Pedro a condecoração dos cavaleiros da Imperial Ordem do Cruzeiro.

[...] Faleceu na cidade do Salvador, no dia 21 de agosto de 1853.

Revista do Instituto Geográfico e Histórico da Bahia, n. 59, 1933. In: MATTOS, Coronel J. B. Os monumentos nacionais. Rio de Janeiro: Imprensa do Exército, 1956

No dia 2 de julho de 1823, Madeira de Melo rendeu-se e retornou a Portugal. Esse dia passou a ser considerado o da Independência da Bahia.

Hino dois de julho

Nasce o sol a dois de julho, Brilha mais que no primeiro

Parece que neste dia Até o sol é brasileiro.

Na província do **Grão-Pará**, os portugueses não aceitaram a declaração de independência do Brasil, dando início a uma revolta armada. O governo brasileiro ordenou a intervenção na província e enviou, em março de 1823, um navio comandado por Grenfell.

O comandante inglês usou de uma estratégia: aí anunciou que uma poderosa esquadra se aproximava para atacar a cidade de Belém. A notícia era falsa, mas os portugueses acreditaram e recuaram. Porém, quando descobriram a mentira, as lutas tornaram-se ainda mais violentas.

Grenfell interveio novamente. Executou vários soldados portugueses e ordenou a prisão de mais de 250 militares portugueses no porão de um navio. No dia seguinte, todos foram encontrados mortos.

No **Maranhão** e no **Piauí**, as tropas portuguesas também **capitularam** e as províncias foram incorporadas ao Império Brasileiro.

Na **Província Cisplatina**, as tropas portuguesas foram cercadas em Montevidéu, pelo general português Frederico Lecor, que havia aderido ao movimento de libertação do Brasil. Os portugueses acabaram se rendendo.

O reconhecimento da independência

Outro problema que o governo brasileiro enfrentou foi o reconhecimento externo da independência. Era preciso que as outras nações aceitassem o Brasil como um país livre e mantivessem com ele relações econômicas, políticas e culturais. Contudo, para que isso acontecesse, havia dificuldades: de um lado, Portugal negava-se a reconhecer a perda de seu território americano e, de outro, a maioria dos países europeus estava adotando a política da Santa Aliança, que era contrária aos movimentos **liberais**.

Logo após a derrota de Napoleão, em 1815, reuniram-se na cidade de Viena, na Áustria, representantes de várias nações europeias, que queriam restabelecer as antigas fronteiras de seus países bastante alteradas com as conquistas napoleônicas.

A Inglaterra, a Rússia, a Áustria e a Prússia cuidaram também, nesse Congresso, de impedir a difusão dos ideais de liberdade da Revolução Francesa. Para tanto, foi criada a **Santa Aliança**, que propunha aos governos da Europa governarem com "justiça, caridade cristã e paz".

O ministro austríaco Metternich defendeu o princípio de intervenção, isto é, onde houvesse movimentos liberais ou onde as monarquias estivessem ameaçadas, os países componentes da Santa Aliança deveriam intervir.

Em consequência disso, a Santa Aliança tornou-se uma ameaça às nações que procuravam tornar-se independentes.

O primeiro país a reconhecer a Independência do Brasil foram os Estados Unidos, em 1824, aplicando a **Doutrina Monroe**. Segundo essa doutrina, os países europeus não deveriam se intrometer nos assuntos dos países americanos. Qualquer interferência europeia em qualquer nação da América seria considerada uma ameaça a todo o continente. Essa doutrina ficou sintetizada na frase: "A América para os americanos".

Charge de Louis Dalrymple, produzida em 1905, faz referência à Doutrina Monroe, que defendia o controle de todo o continente americano pelos Estados Unidos.

Para os ingleses, interessava o reconhecimento imediato da independência, pois pretendiam renovar seus privilégios no comércio brasileiro. Porém, a Inglaterra não desejava colocar-se contra Portugal, seu tradicional aliado, nem quebrar seus compromissos com a Santa Aliança. Então, pressionou o governo português, que acabou reconhecendo a Independência do Brasil, em 1825. Para tanto, o rei de Portugal, D. João VI, exigiu o pagamento de uma indenização no valor de dois milhões de libras esterlinas e o título **honorário** de imperador do Brasil.

Para pagar essa indenização, o governo brasileiro fez um empréstimo com a Inglaterra, mas, em troca, ratificou os tratados de 1810, pelos quais os produtos ingleses poderiam entrar no mercado brasileiro com taxas alfandegárias privilegiadas. O Brasil também se comprometeu a extinguir o tráfico de escravos negros. Logo depois, a Inglaterra e os demais países europeus também reconheceram a Independência do Brasil.

A Assembleia Constituinte

A Assembleia Constituinte, encarregada de fazer a primeira Constituição para o Brasil, havia sido convocada em junho de 1822, mas somente se reuniu em 3 de maio de 1823. Os deputados que faziam parte dessa assembleia representavam a camada dominante (proprietários de terras e de escravos e grandes comerciantes) e as camadas médias urbanas da sociedade brasileira. O povo não possuía representação política.

Os deputados provinciais estavam divididos em dois grupos políticos:
- o **grupo português**, contrário à emancipação do Brasil, representava principalmente os interesses dos comerciantes portugueses;
- o **grupo brasileiro**, que defendia a monarquia constitucional e se subdividia em duas alas: conservadora e radical.

A ala conservadora do grupo brasileiro era majoritária e representava os grandes fazendeiros e comerciantes. Defendia um regime monárquico que impedisse a participação política do povo. Seus representantes mais expressivos eram José Bonifácio de Andrada e Silva e seus irmãos Martim Francisco e Antônio Carlos.

A ala radical, minoritária, representava as camadas médias urbanas (pequenos comerciantes, profissionais liberais, funcionários públicos). Defendia maior participação popular e reformas políticas mais profundas. Seus principais representantes eram Gonçalves Ledo e José Clemente Pereira.

Na fala do trono, cerimônia que inaugurou a primeira sessão da Assembleia, D. Pedro I declarou: "Quero uma Constituição que seja digna do Brasil e de mim". Os constituintes reagiram à posição autoritária do imperador e, a partir desse momento, começaram as divergências entre o governo e a Assembleia.

A Assembleia Constituinte, liderada por Antônio Carlos, elaborou um projeto de Constituição que tinha como características: o fortalecimento do Poder Legislativo, o voto **censitário** e a aversão aos estrangeiros. Ficou conhecido como a "Constituição da Mandioca", porque, de acordo com o texto elaborado, só teriam direitos políticos as pessoas com rendimentos superiores ao valor correspondente a 150 alqueires de farinha de mandioca.

Os irmãos Andrada apoiaram um projeto de lei que propunha a naturalização dos portugueses residentes no Brasil e a expulsão de todos os que fossem contrários à independência. Essa atitude desagradou o imperador. No mês de junho, José Bonifácio e Martim Francisco pediram demissão do cargo que ocupavam no Ministério, passaram para a oposição e iniciaram uma campanha contra o imperador por meio dos jornais *Sentinela da liberdade* à *beira do mar da Praia Grande* e *O Tamoio*.

Descontente com o projeto de Constituição elaborado pela Assembleia Constituinte, que limitava o seu poder, D. Pedro I ordenou que o órgão legislativo fosse fechado. No dia 11 de novembro, as tropas do governo cercaram o prédio onde os constituintes estavam reunidos.

A Assembleia declarou-se em sessão permanente, e a noite de 11 para 12 de novembro é historicamente conhecida como Noite da Agonia. Na manhã do dia 12, o imperador ordenou a prisão de vários deputados e exilou os irmãos Andrada.

Para acalmar os ânimos, D. Pedro I prometeu dar ao Brasil uma Constituição liberal. Convocou dez pessoas de sua confiança para compor o Conselho do Estado, responsável pela elaboração de uma Constituição.

A Constituição outorgada de 1824

No dia 25 de março de 1824, D. Pedro I outorgou (ou seja, impôs) à nação uma Constituição, que centralizou o poder nas mãos do imperador e estabeleceu a participação política apenas da elite econômica. Suas principais características eram:
- regime político: monarquia constitucional hereditária;
- divisão em quatro poderes:
  Executivo: exercido pelo imperador e seus ministros, com a função de executar as leis;
  Legislativo: exercido pela Câmara dos Deputados e Senado. O número de deputados era proporcional à população das províncias e eles tinham mandato temporário. O Senado era vitalício e o número de senadores era a metade do número de deputados;
  Judiciário: exercido pelos juízes e tribunais;
  Moderador: exercido pelo imperador, dando-lhe o poder de dissolver a Câmara, nomear senadores, ministros, juízes, presidentes das províncias e intervir nos demais poderes;
- voto indireto e censitário. Como a renda mínima para votar era bastante alta, a maioria da população não tinha direitos políticos;
- a religião católica passou a ser oficial, sendo permitido às outras religiões o culto particular ou doméstico.

A Confederação do Equador

Quando D. Pedro I fechou a Assembleia Constituinte, começou em Pernambuco uma forte reação a seu governo. Com o retorno de seus representantes, os pernambucanos viram que suas reivindicações de melhoria das condições de vida e redução dos altos impostos ficavam sem efeito. Também reagiram desfavoravelmente ao fato de o imperador impor uma Constituição que dava amplos poderes a ele mesmo.

D. Pedro I destituiu Manuel Pais de Andrade do governo de Pernambuco, porque ele era favorável ao aumento do poder das províncias. Essa atitude do imperador fez desencadear um movimento revolucionário liderado pelo governador e por Frei Caneca.

Capa da Constituição Imperial do Brasil, 1824, que tem o brasão imperial confeccionado em ouro.

A proclamação da Confederação do Equador

No dia 2 de julho de 1824, o presidente Pais de Andrade dirigiu proclamações tanto aos brasileiros em geral como aos habitantes de Pernambuco e de outras províncias do Norte e Nordeste do Brasil, conclamando-os a se rebelarem contra o governo imperial.

Nessas proclamações, que anunciavam a Confederação do Equador, Pais de Andrade chamava a todos para uma rebelião, com o objetivo de salvar a pátria e defender a soberania da nação.

[...]

Em 3 de julho, Pais de Andrade baixou um edital suspendendo o tráfico de escravos através do porto de Recife. Afirmava que essa medida era conveniente não para a humanidade, mas também para a província. Essa justificativa, porém, não foi bem aceita pelos grandes proprietários, temerosos de ficarem sem escravos para o trabalho em suas fazendas e engenhos.

No programa dos confederados, as iniciativas de libertação dos escravos se limitaram a essa medida. Depois, sempre que o tema era retomado, o princípio de defesa da propriedade ficava acima dos ideais de libertação. [...] Pode-se então dizer que a Confederação manteve o regime escravista, do contrário perderia o apoio da maioria dos proprietários.

LEITE, Glacyra Lazzari. *A Confederação do Equador*. São Paulo: Ática, 1996. p. 23-24. Coleção Guerras e Revoluções Brasileiras.

O coronel Francisco de Lima e Silva e lorde Cochrane comandaram as tropas imperiais para sufocar o movimento. Após alguns combates, os revolucionários foram vencidos. Vários líderes foram condenados à morte na forca. Frei Caneca acabou sendo fuzilado, porque nenhum carrasco quis executá-lo. Pais de Andrade conseguiu refugiar-se em um navio inglês e partiu para a Europa.

As províncias do Rio Grande do Norte, Paraíba e Ceará atenderam ao apelo de Pernambuco e uniram-se à Confederação. Nessas províncias, o descontentamento em relação ao governo central era muito grande e já existiam focos de revolta.

O frade carmelita Frei Joaquim do Amor Divino Rabelo, conhecido como Frei Caneca, apelido que recebeu de seu pai, um **tanoeiro** português, além de sacerdote, foi também jornalista, escritor e político.

Em 1982, o governo do estado de Pernambuco encomendou ao pintor Cícero Dias uma obra que contasse a vida de Frei Caneca, sua participação na Revolução de 1817 e na Confederação do Equador de 1824. Foram feitos dois painéis, que se encontram hoje na Casa de Cultura de Recife.

Cícero Dias pintou, em 1981, Frei Caneca e cenas da Revolução Pernambucana de 1824 em um painel, que se encontra na Casa de Cultura do Recife, em Pernambuco.

Detalhe do painel sobre a Revolução de 1824, mostrando Frei Caneca no momento de seu fuzilamento.

A perda da Cisplatina

Em 1821, ainda quando D. João VI estava no Brasil, o território do atual Uruguai foi anexado a nosso país, com o nome de Província Cisplatina. Colonizada principalmente por espanhóis, foi difícil a sua integração cultural ao Brasil.

Em 1825, Lavalleja e Rivera proclamaram, com o apoio de Buenos Aires, a Independência da Cisplatina, iniciando uma guerra contra o Brasil.

D. Pedro I sustentou essa guerra durante três anos, prejudicando o comércio no Rio da Prata. Com a intervenção da Inglaterra, em 1828, Brasil e Argentina reconheceram a Independência da Província Cisplatina, que recebeu o nome de **República Oriental do Uruguai**.

Essa guerra custou ao Brasil a perda de milhares de homens e o gasto de uma enorme quantia em dinheiro, aumentando a dívida externa.

A sucessão em Portugal

Em 1826, com a morte de D. João VI, seu herdeiro D. Pedro I deveria assumir o trono de Portugal. Entretanto, a opinião pública brasileira mostrou-se desfavorável à partida do imperador brasileiro para Portugal, por temer a recolonização do Brasil. D. Pedro I teve de escolher. Abdicou, então, ao trono português em favor de sua filha, Dona Maria da Glória, mas, como ela era menor, foi o irmão de D. Pedro I, D. Miguel, quem ocupou o cargo de regente.

Contudo, em 1828, D. Miguel deu um golpe, destituiu a sobrinha e proclamou-se rei. A fim de manter a filha no trono, D. Pedro I passou a financiar a luta contra D. Miguel. Essa atitude descontentou os brasileiros, pois, além de aumentar a crise financeira do país, consideravam que o imperador estava mais interessado nas questões portuguesas que nas brasileiras.

A abdicação de D. Pedro I

D. Pedro I tornava-se cada vez mais impopular. Iniciou-se uma série de agitações nas províncias. A imprensa fazia violenta campanha contra ele. A situação do governo, que já era difícil, agravou-se por causa de uma série de acontecimentos:

- a deposição do rei absolutista francês Carlos X, em 1830, foi usada pelo jornalista Líbero Badaró, do jornal *Aurora Fluminense*, para fazer críticas a D. Pedro I e compará-lo àquele rei;
- esse mesmo jornalista, Líbero Badaró, foi assassinado em São Paulo e sua morte foi atribuída aos adeptos do imperador;
- em dezembro de 1830, para acalmar os ânimos, D. Pedro I resolveu visitar algumas províncias. Foi mal recebido em algumas cidades de Minas Gerais, até com dobres de sinos de finados;
- quando o imperador retornou ao Rio de Janeiro, os portugueses resolveram compensá-lo, organizando uma festa em sua homenagem. Insatisfeitos com o governo, os brasileiros boicotaram a festa, provocando um enorme conflito, conhecido como **Noite das Garrafadas** (13 e 14 de março de 1831).

Pressionado pela situação política, ainda no mês de março, D. Pedro I organizou um ministério brasileiro. Mas, em 5 de abril, demitiu-o e nomeou outro, o chamado Ministério dos Marqueses, formado por seus apoiadores, a maioria portugueses. Essa medida desagradou o povo, que começou a reagir. As tropas imperiais aderiram ao movimento. Quando uma representação popular pediu a D. Pedro I a volta do Ministério Popular, ele respondeu: "Tudo farei para o povo; nada, porém, pelo povo".

O imperador não recuou em suas decisões; mas a pressão contra seu governo continuou. Então, no dia 7 de abril de 1831, D. Pedro I abdicou em favor de seu filho, D. Pedro de Alcântara, que contava apenas 5 anos de idade. Nomeou José Bonifácio como tutor do menino e, em seguida, partiu para Portugal.

Termo de abdicação de D. Pedro I: "Usando do direito que a Constituição me concede, declaro que hei muito voluntariamente abdicado na pessoa de meu muito amado e prezado filho o Senhor D. Pedro de Alcântara. Boa Vista, sete de abril de mil oitocentos e trinta e um, décimo da Independência e do Império.\Pedro".

ATIVIDADES

1) Explique a seguinte afirmação: "A consolidação da Independência do Brasil custou muitas vidas".

_____
_____
_____
_____
_____

2) Assinale a frase correta e explique qual é o erro das outras.

( ) O primeiro país a reconhecer a Independência do Brasil foi a Inglaterra.

_____
_____

( ) Os Estados Unidos reconheceram a Independência do Brasil aplicando a Doutrina Monroe.

_____
_____

( ) D. Pedro aceitou o projeto de Constituição elaborado pela Assembleia Constituinte.

_____
_____

( ) A Constituição de 1824 foi elaborada por um Conselho de Estado e promulgada pelo imperador.

_____
_____

3) Quais as principais características da Constituição de 1824?

_____
_____
_____
_____

4 O que foi a Confederação do Equador?

5 Por que se considera que a política externa do Primeiro Reinado foi um fator para que o governo de D. Pedro I recebesse cada vez mais críticas?

6 Releia a letra da música de Milton Nascimento e Fernando Brant, na página 11, e escreva, com as suas palavras, o que você entendeu.

7 Troque ideias com seus colegas sobre a atitude de D. Pedro I de fechar a Assembleia Constituinte em 1823. O que você pensa desse fato?

Refletindo

8 Qual a sua opinião sobre o direito de votar e ser votado basear-se na renda do cidadão? Justifique a sua resposta.

9 Interprete a afirmação feita por D. Pedro I pouco antes da abdicação: "Tudo farei para o povo; nada, porém, pelo povo".

___
___
___
___

Pesquisando

10 Pesquise a nossa atual Constituição e responda:

a) Em que ano foi promulgada nossa atual Constituição?

___

b) Nossa atual Constituição foi promulgada e a de 1824 foi outorgada. O que isso significa?

___
___
___

c) Qual é a divisão de poderes na Constituição atual do Brasil? Compare com a Constituição de 1824.

___
___
___
___

d) Quem eram os eleitores na Constituição de 1824 e quem são os eleitores hoje?

___
___
___
___

11 D. Pedro I iniciou o seu governo com muita popularidade. Mas, aos poucos, ele foi se desgastando até que decidiu abdicar do trono em 7 de abril de 1831. Faça um esquema que sintetize os motivos que provocavam a impopularidade do imperador.

Capítulo 2
PERÍODO REGENCIAL

O imperador menino

Quando o menino D. Pedro de Alcântara acordou na manhã de 7 de abril de 1831, era o imperador do Brasil. Evidentemente, como tinha apenas 5 anos de idade, não poderia governar. Os regentes o fariam em seu lugar.

Na madrugada, seu pai havia abdicado ao trono brasileiro e já estava no cais do porto, de onde embarcaria para a Europa.

Acompanhavam D. Pedro I sua segunda esposa, Dona Amélia, a filha mais velha, Dona Maria da Glória, e algumas outras pessoas. Ele deixava no Brasil, além do menino D. Pedro, as três filhas: Dona Paula, Dona Francisca e Dona Januária.

Imperatriz Leopoldina com seus filhos. Obra pintada em 1826 por A. Failutte. Pedro de Alcântara está no colo da mãe.

Dom Pedro II, menino, quadro de Armand Julien Pallière, produzido em cerca de 1830.

Dona Amélia, em sua carta de despedida, fala do seu amor pelas crianças, particularmente por D. Pedro de Alcântara:

> Meu filho do coração e meu imperador.
>
> Adeus, menino querido, delícia de minha alma – alegria de meus olhos, filhinho que o meu coração tinha adotado. Adeus, para sempre. Adeus! [...]
>
> Adeus, órfão-imperador, vítima de tua grandeza antes que o saibas conhecer. Adeus... toma um beijo... ainda outro... mais um último.
>
> Adeus, adeus para sempre.
>
> Amélia.

O pintor Benedito Calixto, em 1902, representou José Bonifácio de Andrada e Silva, que foi tutor do futuro D. Pedro II. José Bonifácio morreu em 1838, portanto o artista se baseou em outros quadros e na própria imaginação para compor este retrato.

O menino Pedro ficava órfão pela segunda vez. Sua mãe, Dona Leopoldina, havia morrido antes de ele completar 1 ano de idade. Crescera aos cuidados de escravos e de uma aia, Dona Mariana Carlota de Magalhães Coutinho, a quem carinhosamente chamava de Dadama.

Antes de deixar definitivamente o Brasil, D. Pedro I nomeou José Bonifácio de Andrada e Silva para ser o tutor de D. Pedro de Alcântara. Responsável por sua educação, o tutor escolheu professores que deveriam ensinar ao menino, entre outras coisas, caligrafia, Geografia, francês, desenho, dança e música.

D. Pedro II, óleo sobre tela de Félix-Émile-Taunay, 1837.

> Enquanto era educado para ser o futuro imperador do Brasil, o país foi governado por regentes, pois a Constituição de 1824 previa que:
>
> Capítulo V
>
> Da Regência, na menoridade, o impedimento do imperador.
>
> Art. 121º – O imperador é menor de idade até a idade de 18 anos completos.
>
> Art. 122º – Durante sua menoridade, o Império será governado por uma Regência, a qual pertencerá ao parente mais chegado do imperador, segundo a ordem de sucessão, e que seja maior de 25 anos.
>
> Art. 123º – Se o Imperador não tiver parente algum que reúna estas qualidades, será o Império governado por uma Regência permanente nomeada pela Assembleia Geral, composta por três membros, dos quais o mais velho em idade será o presidente.
>
> Disponível em: <http://www.planalto.gov.br/ccivil_03/constituicao/constitui%C3%A7ao24.htm.>
> Acesso em: jul. 2012. Texto adaptado.

Pedro passou a viver sob uma rígida disciplina. Acordava às sete horas da manhã, vestia-se e fazia orações. Às oito horas era feita a primeira refeição do dia, sempre na presença de um médico que verificava a quantidade e a qualidade da comida. A partir das nove horas, assistia às aulas e estudava. Depois de um breve descanso e algumas brincadeiras, preparava-se para almoçar, novamente acompanhado do médico e de Dadama.

Estudava mais um pouco e, às quatro e meia da tarde, podia passear durante meia hora, a pé ou a cavalo. Após a leitura de pequenos contos, orações, jantava e, às dez da noite, recolhia-se para dormir. Só podia visitar as princesas, suas irmãs, depois do almoço.

Em 1833, vários acontecimentos marcaram a vida do menino imperador: morreu sua irmã Dona Paula, e José Bonifácio, seu tutor, foi destituído do cargo e preso. Em seu lugar, foi nomeado o marquês de Itanhaém. No ano seguinte, seu pai morreu em Portugal.

Além dos dois tutores, na formação de D. Pedro, teve muita influência seu orientador espiritual, professor de latim e matemática, frei Pedro de Santa Mariana. Homem extremamente rigoroso, ensinou D. Pedro a conter suas manifestações de raiva, decepção e alegria.

Dessa forma, D. Pedro preparava-se para ocupar o trono do Brasil quando completasse a maioridade. Em 1837, seu tutor relatava:

> Sua Majestade Imperial lê e escreve muito bem; traduz as línguas inglesa e francesa; aplica-se além disso à geografia, à música, dança e desenho; nisto faz progressos admiráveis, por ser o estudo que mais o deleita. Apesar de aplicar-se a vários ramos, não é fatigado pelos mestres, que exigem com **parcimônia** as lições que as forças e idade do Augusto permitem.

Em 1840, questões políticas que tanto abalavam a Regência fizeram com que fosse apresentado nas Câmaras um projeto antecipando a maioridade de Pedro de Alcântara. Ele estava com 14 anos de idade. Nas ruas, o povo, em apoio a esse projeto, clamava:

> Queremos D. Pedro II
> Embora não tenha idade,
> A nação dispensa a lei
> E viva a maioridade!

Aclamação de Dom Pedro II, segundo Imperador do Brasil, de Jean-Baptiste Debret, 1839, litogravura colorida.

No dia 22 de julho, uma comissão de políticos dirigiu-se ao palácio e perguntou ao jovem quando desejava assumir o Império Brasileiro.

Ele não hesitou e respondeu: "Quero já!".

ATIVIDADES

1 Qual a mudança que ocorreu na vida de D. Pedro de Alcântara no dia 7 de abril de 1831?

_____

_____

_____

2 Compare a rotina de D. Pedro de Alcântara com o seu dia a dia. O que você faz que é semelhante ao que D. Pedro fazia? E o que é diferente?

_____

_____

_____

3 Compare as matérias que o menino Pedro estudava com as que você estuda hoje. O que é diferente?

_____

_____

_____

_____

4 Imagine-se no lugar de D. Pedro de Alcântara e escreva uma página de diário falando de coisas que você fez ou que aconteceram num determinado dia, seus sentimentos, suas emoções. Leia o texto para os colegas de classe.

Os grupos políticos

O período regencial durou até a maioridade antecipada do imperador, em 1840. Foi um período marcado por constantes lutas pela posse do poder político, uma série de revoltas populares e o perigo de fragmentação do país, pois algumas dessas revoltas propunham a separação das províncias.

Logo após a saída de D. Pedro I do Brasil, a camada dominante, que participara ativamente do processo da abdicação, dividiu-se em diferentes grupos políticos. Os principais foram:

- **liberais moderados**: também conhecidos como chimangos. Esse grupo era formado pelos ricos proprietários de terras e de escravos e pelos grandes comerciantes, principalmente de Minas Gerais, São Paulo e Rio de Janeiro. Defendia a ordem social e jurídica estabelecida pela Constituição. Os nomes de maior destaque foram: Bernardo Pereira de Vasconcelos, padre Diogo Antônio Feijó e Evaristo da Veiga;

- **liberais exaltados ou farroupilhas**: grupo composto pelos proprietários de terras das demais províncias, profissionais liberais, militares do baixo oficialato. Defendiam a federação, isto é, a efetiva autonomia das províncias e as liberdades individuais. Alguns representantes desse grupo, como Borges da Fonseca, Miguel Frias e Cipriano Barata, eram favoráveis à república;
- **restauradores**: também chamados caramurus. O grupo era formado pelos comerciantes portugueses e pelo alto comando do Exército. Lutavam pela volta de D. Pedro I ao governo do Brasil. Eram liderados por José Bonifácio. Esse grupo desapareceu em 1834, com a morte de D. Pedro I.

Teófilo Otoni, referindo-se à abdicação de D. Pedro I, usou a expressão francesa *Journée de Dupes* (Jornada de Logrados), pois as camadas médias e baixas que contribuíram para o 7 de abril não conseguiram participar do poder.

A Regência Trina Provisória

Quando D. Pedro I abdicou, o Parlamento brasileiro estava em **recesso**. Por isso, alguns deputados elegeram três regentes em caráter provisório: Francisco de Lima e Silva, Carneiro de Campos e Nicolau de Campos Vergueiro. Essa Regência governou apenas até junho de 1831 e tomou medidas visando restabelecer a calma no país, entre elas:

- readmissão do ministério deposto por D. Pedro I;
- concessão de **anistia** a todas as pessoas envolvidas em processos políticos;
- expulsão dos estrangeiros do Exército brasileiro.

O Parlamento se reuniu para escolher os novos regentes e decidiu que eles não poderiam exercer o Poder Moderador, que era exclusivo do imperador.

A Regência Trina Permanente

Os regentes eleitos para compor a Regência Trina Permanente foram o brigadeiro Francisco de Lima e Silva e os deputados José da Costa Carvalho e João Bráulio Muniz. Essa regência permaneceu no poder até 1835. Nesse período, teve grande destaque o ministro da Justiça, padre Feijó.

A Guarda Nacional

Em agosto de 1831, o ministro Feijó criou a Guarda Nacional, com o objetivo de sufocar as revoltas sociais. Era uma milícia formada por ricos proprietários de terras e de escravos. Esses fazendeiros recebiam o título de "coronel". A Guarda Nacional representou um verdadeiro sustentáculo do regime monárquico, defendendo os interesses da aristocracia rural brasileira.

Quando começou o período regencial, o Exército era uma instituição mal-organizada, vista pelo governo com muita suspeita. Mesmo após a abdicação de D. Pedro I, o número de oficiais portugueses continuou a ser significativo. A maior preocupação vinha, porém, da base do Exército, formada por gente mal paga, insatisfeita e propensa a aliar-se nas rebeliões urbanas.

Uma lei de agosto de 1831 criou a Guarda Nacional [...]. A ideia consistia em organizar um corpo armado de cidadãos confiáveis, capaz de reduzir tanto os excessos do governo centralizado como as ameaças das "classes perigosas". Na prática, a nova instituição ficou incumbida de manter a ordem no município onde fosse criada.

FAUSTO, Boris. *História do Brasil*. São Paulo: Edusp, 2002. p. 163-164.

O Ato Adicional de 1834

Foi feita uma revisão na Constituição de 1824 e promulgado, em 1834, um Ato Adicional. Esse ato teve como características:

- a transformação da capital do Império, o Rio de Janeiro, em município neutro. A capital da província passou a ser a atual cidade de Niterói;
- a criação de Assembleias Legislativas nas províncias;
- a transformação da Regência Trina em Una;
- a extinção do Conselho do Estado.

A Regência Una do padre Feijó

O padre Feijó foi eleito regente único em 1835. Nessa época, os políticos se subdividiram em duas alas:

- **progressista**, da qual fazia parte o regente, formada pelos liberais exaltados e parte dos liberais moderados;
- **regressista**: integrada por liberais moderados e ex-restauradores.

Feijó enfrentou um período político muito difícil. No ano de 1836, os regressistas organizaram o **Partido Conservador**, que passou a fazer forte oposição ao regente. Ao mesmo tempo, em várias províncias, estouraram movimentos populares, como a Revolta dos Cabanos, no Pará, e a Farroupilha ou Guerra dos Farrapos, no Rio Grande do Sul.

Sem apoio e desgastado politicamente, Feijó renunciou ao cargo em 1837, dois anos antes de terminar o seu mandato. Os conservadores tomaram o poder.

A Regência Una de Pedro de Araújo Lima

O senador pernambucano Pedro de Araújo Lima, um dos líderes do Partido Conservador, foi eleito regente em 1837. Organizou o Ministério das Capacidades, que tinha como participantes Bernardo Pereira de Vasconcelos e Miguel Calmon, entre outros. Esse ministério criou o Colégio D. Pedro II, o Arquivo Público e o Instituto Histórico e Geográfico, no Rio de Janeiro.

Em 1838, a ala progressista fundou o Partido Liberal, que passou a fazer oposição ao regente. O país continuava agitado pelas revoltas sociais. Além das já existentes, eclodiram mais dois importantes movimentos: a Sabinada, na Bahia, e a Balaiada, no Maranhão.

Entenda a formação dos partidos políticos no período imperial:

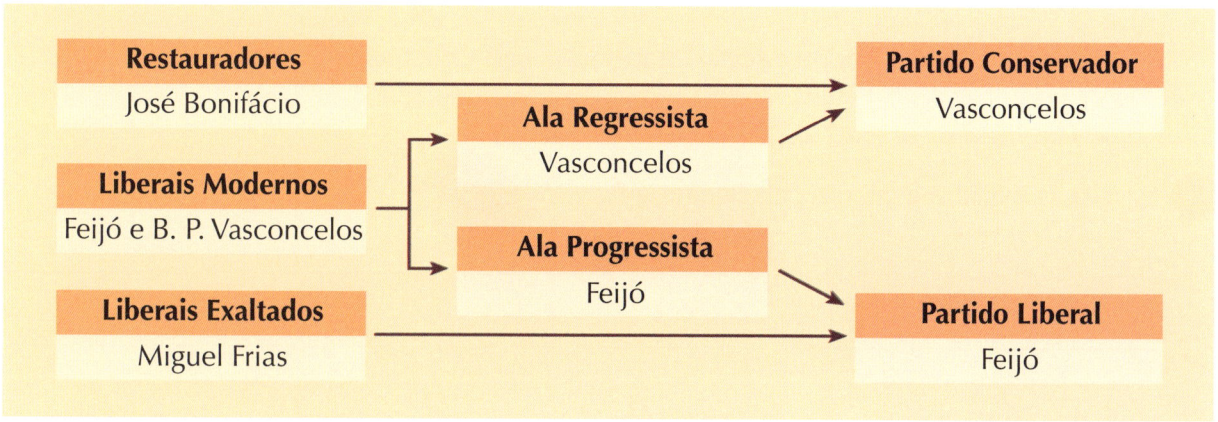

O Golpe da Maioridade

Pela Constituição brasileira, D. Pedro de Alcântara só poderia ocupar efetivamente o trono brasileiro quando completasse 18 anos de idade, em 2 de dezembro de 1843.

Mas era opinião geral, nessa época, que somente quando D. Pedro II assumisse o poder os problemas que assolavam o Brasil seriam resolvidos. Aproveitando-se disso, os liberais propuseram a antecipação da maioridade de D. Pedro, que foi aprovada pela Câmara. Em julho de 1840, aos 14 anos, D. Pedro II foi declarado maior de idade, tornando-se então imperador do Brasil.

ATIVIDADES

1) Por que o Brasil foi governado por regentes?

2) Explique a seguinte afirmação: "O período regencial é considerado um dos mais agitados da monarquia".

3) Identifique a que grupo político do período regencial cada frases se refere.

a) Lutavam pela volta de D. Pedro I ao poder.

b) Defendiam a federação e as liberdades individuais.

c) Defendiam a ordem jurídica e social estabelecida pela Constituição.

4) Escreva as medidas adotadas pela Regência Provisória.

5 Explique o que era a Guarda Nacional e qual o seu objetivo.

_____

_____

_____

6 Quais as principais decisões do Ato Adicional de 1834?

7 Observe a formação dos partidos liberal e conservador da página 29. Havia muitas diferenças em sua composição? Justifique.

_____

_____

8 Qual o objetivo do Partido Liberal ao dar o Golpe da Maioridade, que antecipou a maioridade de D. Pedro de Alcântara e levou-o ao poder político?

_____

_____

Refletindo

9 Explique a seguinte afirmação: "Durante o período regencial, o Brasil viveu uma verdadeira experiência republicana".

_____

_____

_____

_____

10 Leia o texto da página 28 e explique quem os regentes consideravam "cidadãos confiáveis" e quem eram as "classes perigosas".

_____

_____

_____

11 Analise a questão anterior e procure justificar o "perigo" representado pelas classes populares na visão da elite da época.

_____

_____

12 Troque ideias com a classe e responda. No Brasil, atualmente:

a) Os detentores do poder também sofrem oposição?

b) Por que isso acontece?

c) Como você acha que os detentores do poder devem reagir?

13 Leia com atenção o texto:

Proclamação da maioridade de D. Pedro II

Brasileiros! A Assembleia Geral Legislativa do Brasil, reconhecendo o feliz desenvolvimento intelectual de Sua Majestade Imperial, o senhor D. Pedro II, com quem a Divina Providência favoreceu o Império de Santa Cruz; reconhece igualmente os males inerentes a governos excepcionais, e presenciando o desejo unânime do povo desta capital; convencida de que com este desejo está de acordo o de todo o Império, para conferir-se ao mesmo Augusto Senhor o exercício dos poderes que pela Constituição lhe competem; houve por bem, por tão poderosos motivos, declará-lo em Maioridade para o efeito de entrar imediatamente no pleno exercício desses poderes, como Imperador Constitucional e defensor perpétuo do Brasil.

O Augusto Monarca acaba de prestar juramento solene determinado no artigo 103 da Constituição do Império.

Brasileiros! Estão convertidas em realidade as esperanças da nação, uma nova era apontou; seja ela de união e prosperidade! Sejamos nós dignos de tão grandioso benefício!

Paço da Assembleia Geral, 23 de julho de 1840.

Marquês de Paranaguá, presidente. Luís José de Oliveira, primeiro-secretário do Senado. Antônio Joaquim Álvares do Amaral, primeiro-secretário da Câmara dos Deputados.

Agora, escreva o que você entendeu do texto, observando seu objetivo e as justificativas para alcançá-lo.

_____
_____
_____
_____
_____
_____

Pesquisando

14 Há hoje no Brasil vários partidos políticos. Pesquise o que significa partido político, os nomes de alguns desses partidos na atualidade e quais seus principais objetivos.

15 Entreviste cinco pessoas para saber a que partido são filiadas, ou com que partido simpatizam, ou em que partido costumam votar e os motivos da preferência. Investigue se, em períodos eleitorais, os eleitores realmente conhecem os partidos de seus candidatos. Na classe, comparem as entrevistas e juntem as informações num só quadro.

Capítulo 3

REBELIÕES REGENCIAIS

Durante o período regencial (1831-1840), em muitas províncias brasileiras, eclodiram revoltas sociais que, em alguns casos, ameaçaram a unidade territorial do país.

Apesar de terem motivações diferentes, essas revoltas foram resultado da crise financeira que o país atravessava. No norte do Brasil, a concorrência estrangeira provocou a queda da exportação do algodão e do açúcar. No Sul, os proprietários de fazendas de gado sofriam forte concorrência da pecuária argentina.

O governo reprimiu esses movimentos com muita violência, alegando que essa atitude era necessária para a manutenção da unidade nacional.

As revoltas sociais que eclodiram em várias províncias nas primeiras décadas do século XIX abalaram o império e foram duramente reprimidas.

Lutas sangrentas nas províncias

O clima de grande instabilidade política na Regência fez explodir, em várias províncias, violentas revoltas sociais que marcaram profundamente esse período. Algumas delas ameaçaram a unidade do Império, pois chegaram a propor a separação em relação ao resto do país.

A maior parte da população brasileira vivia em extrema miséria, agravada pela difícil situação econômico-financeira do país e pelos altos impostos cobrados pelo governo central.

Além disso, as camadas médias urbanas (pequenos comerciantes, profissionais liberais, funcionários, soldados, entre outros), os trabalhadores livres e os escravos não participavam das decisões políticas nem tinham seus direitos respeitados e garantidos.

As camadas populares se rebelaram com armas, reivindicando mudanças sociais que lhes garantissem liberdade e acesso à vida política.

As principais revoltas desse período foram:

A **Revolta dos Cabanos**, no Pará, na qual a população mais pobre da região – índios, mestiços e negros – revoltou-se contra os privilégios da elite local.

> Não somos rebeldes.
> Nós queremos ser súditos.
> Só não queremos ser escravos.
> (Trecho de um manifesto dos cabanos)

Memorial Cabanagem, obra de Oscar Niemeyer, em Belém do Pará, PA, 2008.

A **Revolta dos Malês**, em Salvador, na Bahia, cujo objetivo era libertar os escravos, é considerada a mais ampla e bem organizada **insurreição** de escravos ocorrida no Brasil.

> Mata soldado!
> Com este grito, os negros romperam o cerco policial. Armados, resistiram o quanto puderam aos ataques combinados da Cavalaria e da Infantaria do Império. Salvador ficou em pé de guerra.
> ALENCAR, Chico; RIBEIRO, Marcos V. ; CECCON, Claudius. *Brasil vivo*. Petrópolis: Vozes, 1997. v. 1. Texto adaptado

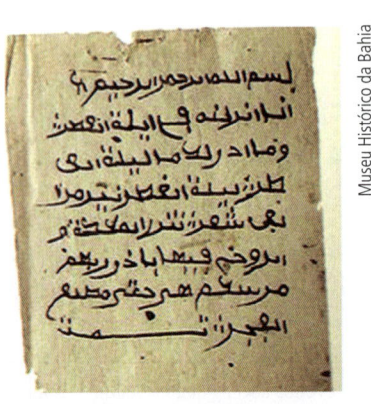

Trecho de um documento dos malês.

A **Sabinada**, na Bahia, pretendia separar a província do resto do Império e organizar uma república provisória até a maioridade de D. Pedro de Alcântara.

Escravidão só deseja
coração dos tiranos
Só liberdade convém
Ao coração dos baianos.

Vivam baianos
Da Pátria amigos,
Morram tiranos
Seus inimigos.

Trecho do Hino ao 7 de Novembro, início da Sabinada.

Reprodução

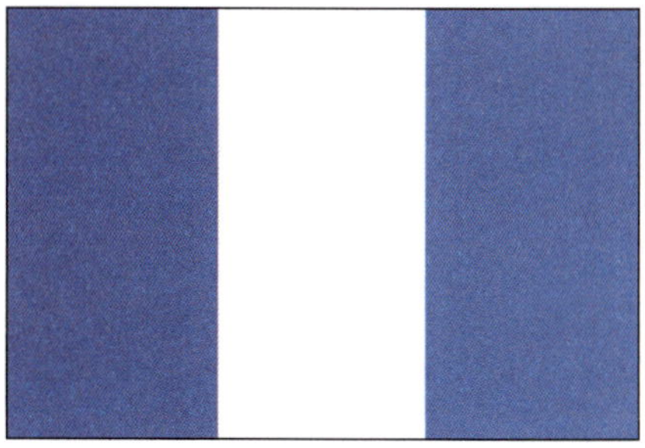

Bandeira da breve República Bahiense que perdurou de novembro de 1837 a março de 1838.

Charles Ribeyrolles, Brasil Pitoresco, IEB-USP

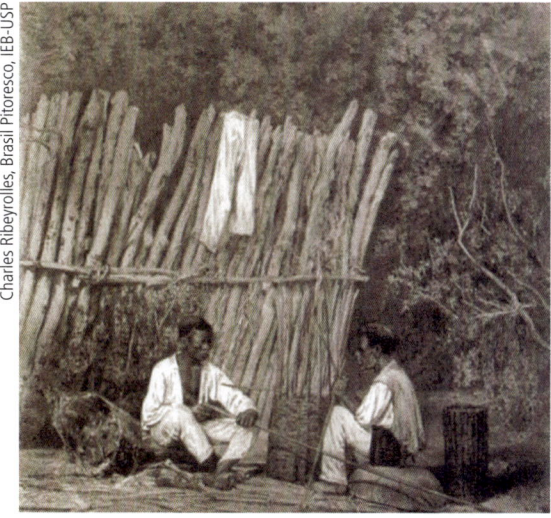

Artesãos, fazendo balaios, século XIX. Essa era a atividade de muitos participantes da revolta chamada Balaiada, no Maranhão.

A **Balaiada**, no Maranhão, na qual as disputas políticas pelo poder local acabaram envolvendo os sertanejos, que se revoltaram com a situação de extrema miséria em que viviam, e os escravos, que desejavam a liberdade.

O balaio chegou!
O balaio chegou!
Cadê branco?
Não há mais branco!
Não há mais sinhô!

Saudação da população pobre aos revoltosos.

A **Guerra dos Farrapos**, no Rio Grande do Sul, foi uma revolta dos estancieiros (fazendeiros proprietários de gado), que se rebelaram contra os altos impostos cobrados sobre o **charque**. Reivindicavam maior autonomia para a província e diminuição dos impostos.

Camaradas! Gritemos pela primeira vez:
– Viva a República Rio-Grandense! Viva a Independência!
Viva o exército republicano rio-grandense!

Trecho de mensagem de um comandante das tropas republicanas gaúchas aos soldados. In: PRIORE, Mary Del; NEVES, Maria de Fátima; ALAMBERT, Francisco. *Documentos de História do Brasil*. São Paulo: Scipione, 1996.

Museu Antônio Parreiras, Niterói, RJ

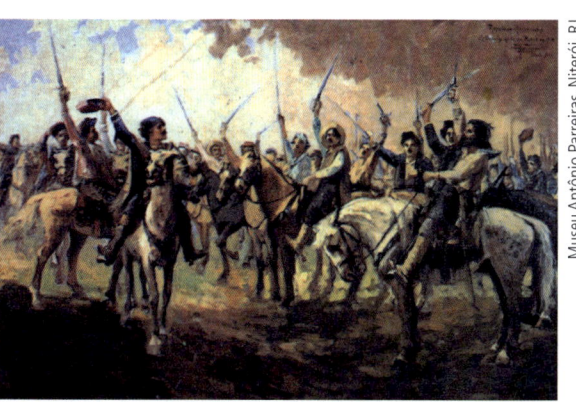

Proclamação da República de Piratini, obra de 1915 do artista carioca Antônio Parreiras (1860-1937), representando a proclamação da República Rio-Grandense em Seval, no dia 16 de novembro de 1836.

ATIVIDADES

1 Como vivia a maior parte da população brasileira durante o período das regências?

_____

_____

_____

_____

2 As camadas populares se rebelaram porque queriam mudanças sociais que lhes garantissem liberdade e acesso à vida política.

  a) Pesquise um movimento organizado cujo objetivo é o de atender as reivindicações das camadas populares atuais. Essas reivindicações são as mesmas que as da época das regências?

  b) O que essas camadas populares reivindicam?

  c) Como se organizam para conseguir alguns de seus objetivos?

3 Recorte, de jornais e revistas, artigos e notícias sobre as dificuldades que enfrentam as camadas mais pobres no país. Com o seu grupo, anote as ideias mais importantes e exponha os argumentos em um debate com toda a classe.

A Cabanagem

Em 1835, estourou, na província do Pará, uma das lutas mais violentas do período regencial, conhecida como Cabanagem ou Revolta dos Cabanos. Foi o único movimento em que as camadas populares tomaram o poder.

Dois fatores deram origem à revolta:
- o descontentamento dos fazendeiros e comerciantes com a nomeação do presidente da província pelo governo central;
- a situação de extrema miséria em que vivia a maioria da população do Pará, composta por mestiços, indígenas e escravos de origem africana. Eles moravam em cabanas próximas aos rios, daí o nome **cabanos** para os revoltosos e **Cabanagem** para o movimento.

Em janeiro de 1835, os cabanos tomaram a cidade de Belém e assassinaram o presidente da província. O fazendeiro Félix Marcher proclamou-se o primeiro presidente cabano. Porém, acusado de traição, foi morto por Pedro Vinagre, chefe militar cabano, que acabou assumindo a Presidência.

As forças do governo do Rio de Janeiro conseguiram retomar o poder, mas, depois de violentos combates, outro líder do movimento, Eduardo Angelim, proclamou-se o terceiro presidente cabano.

Um anos depois, os rebeldes, novamente derrotados pelo governo, retiraram-se para o interior. A revolta foi sufocada em 1840, deixando 40 mil mortos.

Revolta dos Malês

Uma revolta de escravos africanos eclodiu na Bahia, em 1835. Foi organizada pelos "malês", como eram conhecidos os africanos de formação muçulmana, que falavam e escreviam em árabe.

Na época, metade da população de Salvador era formada por pessoas de origem africana, a maioria "escravos de ganho". Esses escravos exerciam várias profissões, como as de carpinteiro, marceneiro, alfaiate, vendedor ambulante, mas eram obrigados a pagar uma quantia determinada aos seus donos.

Como tinham seus próprios ganhos, muitos conseguiam comprar a liberdade. Porém, mesmo livres, continuavam sofrendo profunda discriminação, maus-tratos e não tinham nenhuma possibilidade de ascender socialmente.

O objetivo das lideranças insurretas era tomar o poder da elite branca.

No final de janeiro de 1835, um grupo de escravos ocupou as ruas da cidade de Salvador, enfrentando soldados e civis armados. Entretanto, em menor número e com armamentos de qualidade inferior, foram massacrados. Dos sobreviventes, alguns foram condenados à morte e outros, à prisão.

A Sabinada

A Sabinada ocorreu na Bahia, entre novembro de 1837 e março de 1838. O líder da revolta foi o médico Francisco Sabino Álvares da Rocha Vieira, que em seu jornal, *Novo Diário da Bahia*, criticava o governo dos regentes e o presidente da província e convocava o povo para participar de um movimento cujo objetivo era o de separar a Bahia do resto do Brasil e organizar uma república provisória até a maioridade de D. Pedro de Alcântara.

Em 1838, chegaram as tropas do governo central para reprimir o movimento. Foi preparado um violento ataque a Salvador, que contou com o apoio da aristocracia rural baiana. Inúmeras casas foram incendiadas e mais de mil pessoas morreram na luta.

Os participantes que conseguiram escapar da morte foram julgados por um tribunal formado pelos grandes proprietários rurais da Bahia.

A Balaiada

A Revolta dos Balaios ou Balaiada foi um movimento popular que ocorreu no Maranhão, em 1838. O nome do movimento originou-se da profissão de um de seus líderes, Manuel Francisco dos Anjos, fabricante de balaios (cestos). Eram também conhecidos como bem-te-vis, nome do jornal, *O Bem-te-vi*, que combatia o governo.

Nessa época, o Maranhão vivia uma situação econômica bastante grave. Sua principal riqueza, o algodão, estava sofrendo concorrência dos Estados Unidos, que ofereciam o produto com melhor preço e qualidade. Em razão disso, a população pobre da província viu sua situação piorar ainda mais e começou a se rebelar, sendo apoiada pelos vaqueiros do interior. Entre os revoltosos, havia muitos negros.

A população maranhense era constituída, em grande parte, de escravos negros. As frequentes revoltas que promoviam levaram à formação de vários quilombos. O mais importante, que reuniu aproximadamente 3 mil negros fugitivos, foi comandado por Cosme Bento das Chagas. O negro Cosme denominava-se *Tutor e Defensor das Liberdades Bem-te-vis*.

Em 1839, os revoltosos cercaram e dominaram a vila de Caxias, uma das maiores do Maranhão. O governo da província pediu auxílio ao Rio de Janeiro.

A Balaiada (1837-1838)

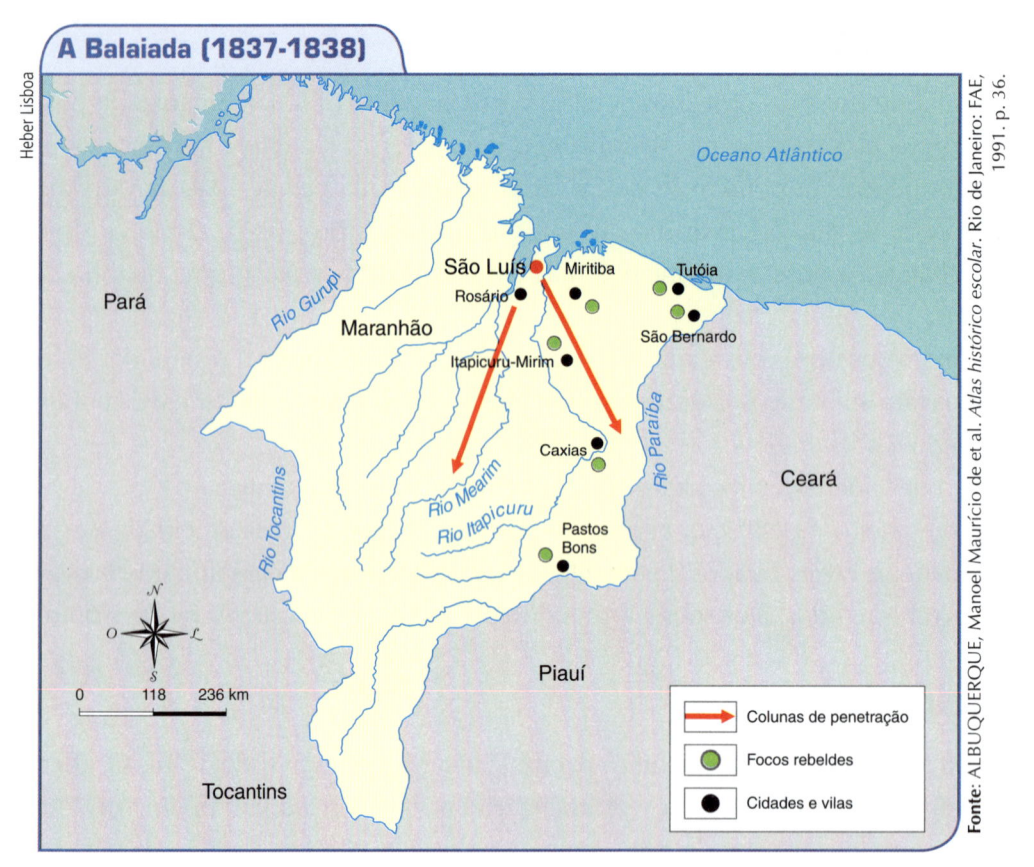

Fonte: ALBUQUERQUE, Manoel Maurício de et al. *Atlas histórico escolar*. Rio de Janeiro: FAE, 1991. p. 36.

Observe, no mapa, que a Balaiada atingiu boa parte do território da província do Maranhão, onde ocorreram inúmeros focos rebeldes.

Em 1840, o coronel Luís Alves de Lima e Silva foi nomeado para reprimir o movimento. O governo imperial conseguiu a rendição de muitos rebeldes e ofereceu anistia aos que o ajudassem a perseguir os rebelados. No ano seguinte, Lima e Silva conseguiu debelar os últimos focos de revolta, o que lhe valeu o título de barão de Caxias.

A Guerra dos Farrapos

Em 1835, irrompeu no Rio Grande do Sul a mais longa revolta do período imperial: a Farroupilha ou Guerra dos Farrapos.

Desde o século XVIII, a pecuária era a base da economia da região. No final desse século, teve início a produção do charque, que utilizava a mão de obra do escravo negro. O charque rio-grandense abastecia o mercado interno brasileiro e era usado principalmente na alimentação dos escravos.

O movimento foi provocado pelo descontentamento dos estancieiros (donos de fazendas de criação, as estâncias), charqueadores e exportadores com a política do governo imperial.

Quando o governo brasileiro diminuiu os impostos sobre a importação do charque uruguaio, prejudicou a economia do Rio Grande do Sul. Além disso, os proprietários de terras eram contra a nomeação do presidente da província pelo governo imperial, afirmando que não atendia aos interesses locais.

A revolta explodiu em 1835, liderada por Bento Gonçalves e Davi Canabarro, contando com a participação do italiano Giuseppe Garibaldi. Com as milícias formadas pelos estancieiros, os revoltosos conseguiram dominar a província.

Inicialmente, o movimento não era separatista, queria apenas maior autonomia para a província, mas com o acirramento das divergências, foi proclamada a República Rio-Grandense ou República do Piratini, e Bento Gonçalves foi escolhido presidente.

A Guerra dos Farrapos estendeu-se até a província de Santa Catarina, onde foi proclamada a República Juliana.

Quando, em 1840, D. Pedro II assumiu o poder, ofereceu anistia aos rebeldes rio-grandenses, mas eles a recusaram. Depois de vários anos de lutas, em 1845, foram derrotados pelo barão de Caxias e assinaram a Paz de Ponche Verde. Por esse acordo, houve a reintegração do Rio Grande do Sul ao Brasil, foi paga uma indenização aos senhores de terras envolvidos no movimento e a emancipação dos escravos sobreviventes que participaram da guerra.

Giuseppe Garibaldi, guache sobre tela de Amélia Ricciardi de 1962.

Bento Gonçalves, obra de autor desconhecido, s.d.

ATIVIDADES

1) Relacione o clima de instabilidade política no período das regências com os problemas sociais da época.

2) Explique a frase: "Algumas revoltas sociais chegaram a ameaçar a unidade do Império".

3) Responda às perguntas sobre a Revolta dos Cabanos.

   a) Quais os fatores que deram origem à revolta?

b) Por que se afirma que esse foi o único movimento regencial em que as camadas populares atingiram o poder político?

_____

_____

4 Que motivos provocaram a Sabinada? O que essa revolta pretendia?

_____

_____

_____

_____

5 Responda às perguntas sobre a Guerra dos Farrapos.

a) Qual a base da economia da Província do Rio Grande?

_____

b) Por que os estancieiros ficaram descontentes com a política do governo imperial?

_____

_____

c) Quais os líderes do movimento?

_____

d) A Guerra dos Farrapos teve duas fases. Quais foram elas?

_____

_____

e) O movimento dos Farrapos atingiu outra província. Qual foi ela?

_____

Refletindo

6 Com base no que você aprendeu, interprete o trecho do manifesto dos cabanos:

> *Não somos rebeldes. / Nós queremos ser súditos. / Só não queremos ser escravos.*

_____

_____

_____

7 A Revolta dos Malês foi uma reação dos escravos contra a situação em que viviam. Cite outro tipo de reação dos cativos à escravidão, em várias outras épocas da nossa história?

_____
_____
_____

8 Mesmo os escravos que compravam sua liberdade continuavam sofrendo forte discriminação social. Como se manifestava essa discriminação?

_____
_____
_____

9 Atualmente, em nossa sociedade, muitas pessoas sofrem discriminação social ou de outros tipos. Troque ideias com a classe:

a) A que grupos pertencem a maioria dessas pessoas?

b) Há leis que defendem as pessoas contra qualquer tipo de discriminação? Procure saber.

c) O que você acha da atitude de discriminar as pessoas por causa da cor da pele, da origem, do sexo, das condições de vida etc.?

10 Faça um quadro comparando as rebeliões ocorridas na época das regências. Estabeleça as semelhanças e as diferenças entre elas. Depois exponha o quadro no mural da classe.

11 Na época em que ocorreu a Balaiada, os sertanejos que participaram da revolta viviam em situação de extrema miséria. Procure saber a situação dos sertanejos na Região Nordeste atualmente. Compare-a com a situação da população nordestina no período das regências: mudou ou continua a mesma?

Pesquisando

12 O italiano Garibaldi participou da Guerra dos Farrapos. Pesquise sobre sua vida política e escreva um resumo, citando o que achou mais interessante.

13 Em pequenos grupos, vamos apresentar as rebeliões regenciais por meio de outras linguagens:
– história em quadrinhos;
– música;
– teatro.
Cada grupo apresentará a história de uma rebelião com uma linguagem diferente para toda a turma!

14 Durante uma semana, acompanhe nos noticiários do rádio, da televisão e do jornal as notícias nas quais se podem perceber as condições atuais da maioria da população brasileira. Anote o que achou mais interessante. Depois, converse com seu grupo sobre o que você observou e façam um resumo, que deve ser exposto no mural da classe.

Capítulo 4
Começa o Segundo Reinado

O destino do Brasil nas mãos de um jovem

No dia 23 de julho de 1840, a Assembleia proclamou a maioridade do jovem D. Pedro de Alcântara, que no mesmo dia prestou um juramento:

> Juro manter a religião católica apostólica romana, a integridade e indivisibilidade do Império, observar e fazer observar a Constituição política da nação brasileira e mais leis do Império, e promover o bem geral do Brasil, quanto a mim couber.

A coroação do novo imperador foi representada pelo pintor Manuel de Araújo Porto-Alegre na obra *A sagração de D. Pedro II* (1845-1846).

Para D. Pedro II, os primeiros anos de governo foram de aprendizado político. Por causa de sua pouca idade e inexperiência, logo que assumiu o trono, sofreu forte influência dos homens que frequentavam sua corte, porém, foi aumentando seu conhecimento, observando as lutas políticas, o desenrolar das revoltas e como agiam as pessoas que o cercavam.

Dedicava-se quase exclusivamente aos negócios do Estado.

Acordava cedo, às seis horas da manhã, para começar a trabalhar. Inteirava-se dos acontecimentos lendo os jornais e dedicava parte de seu dia às audiências, recebendo ministros, membros do Parlamento e altos funcionários.

D. Pedro II procurava acompanhar de perto os problemas do país e se mantinha a par de tudo o que ocorria. Exercia as funções que a Constituição lhe atribuía e procurava ficar acima dos partidos políticos. No entanto, também houve interferência política em sua vida pessoal. Para garantir a sucessão ao trono, foi pressionado a se casar e ter filhos. Um **emissário** foi mandado à Europa com a missão de encontrar uma noiva para o imperador do Brasil.

Depois de muito procurar, esse emissário contratou o casamento de D. Pedro II com Teresa Cristina, filha do rei das Duas Sicílias. Em 3 de setembro de 1843, Teresa Cristina desembarcou no Rio de Janeiro e, no mesmo dia, realizou-se o casamento. D. Pedro II tinha apenas 17 anos e sua noiva, 21 anos.

Viveram juntos até 1889, quando a imperatriz morreu. Tiveram quatro filhos: dois meninos, que morreram ainda crianças, e duas meninas, Isabel e Leopoldina.

Já nos primeiros anos de seu governo, Pedro II conseguiu sufocar as revoltas que ainda ocorriam e que ameaçavam a unidade do país.

No final da primeira década de seu governo, o império já estava consolidado. D. Pedro II exercia de forma plena o Poder Moderador, que lhe permitia nomear senadores e ministros de Estado, dissolver as sessões do Legislativo e conceder anistia aos condenados.

Mas, no Segundo Reinado, a sociedade brasileira não sofreu transformações significativas. A camada dominante, formada pela aristocracia rural escravista, principalmente do Sudeste, conseguiu consolidar seu domínio. Controlando o governo, garantiu que seus interesses econômicos e políticos fossem atendidos. O café, principal produto da economia nacional, proporcionava grande riqueza: em 1850, já representava 42% das exportações brasileiras.

A escravidão continuava e a participação popular na vida política do país era praticamente nula, pois para votar era necessário ter propriedade e renda.

D. Pedro II e a imperatriz Teresa Cristina nos jardins do Palácio Imperial de Petrópolis, Rio de Janeiro, por volta de 1888. No ano seguinte D. Pedro II ficaria viúvo.

ATIVIDADES

1 Observe a tabela a seguir.

AS EXPORTAÇÕES BRASILEIRAS DE 1821 A 1890 (EM %)							
Produto	1821-30	1831-40	1841-50	1851-60	1861-70	1871-80	1881-90
Café	18,4	43,8	41,4	48,8	45,5	56,6	61,5
Açúcar	30,1	24,0	26,7	21,2	12,3	10,8	9,9
Algodão	20,6	10,8	7,5	7,5	6,2	16,4	4,2
Cacau	0,5	0,6	1,0	1,0	0,9	1,2	–
Borracha	0,1	0,3	0,4	2,3	3,1	4,5	8,0
Fumo	2,5	1,9	1,8	2,6	3,0	3,4	–
Erva-mate	–	0,5	0,9	1,6	1,2	1,5	–
Couros e peles	13,6	7,9	8,5	7,2	6,0	4,5	3,2
Total	85,8	89,8	88,2	92,2	78,2	98,9	86,8

Fonte: SODRÉ, Nelson Werneck. História da burguesia brasileira, In: MARTINS, Ana Luiza. *Império do Café*. São Paulo: Atual, 1990.

a) Qual o principal produto exportado pelo Brasil no Segundo Reinado?

_____

b) Com base nos dados e no texto de abertura, justifique a afirmação: "No Segundo Reinado, a sociedade brasileira não sofreu transformações significativas".

_____

_____

2 Observe a imagem abaixo. Ela mostra um dos castigos que sofriam os escravizados e os instrumentos usados para castigá-los. Faça uma pesquisa, junto com o seu grupo, sobre os tipos de castigos que os cativos no brasil sofriam, os instrumentos usados e como funcionavam.

Obra de Jean-Baptiste Debret *Negros no tronco*, uma litografia colorida a mão, de 49 x 34 cm, produzida por volta de 1834, mostra homens escravizados sendo castigados.

Os partidos políticos

Os dois partidos políticos formados durante o período regencial, Liberal e Conservador, perduraram durante o Segundo Reinado. Esses partidos não apresentavam grandes diferenças ideológicas e representavam a mesma camada social, a aristocracia rural, defendendo, portanto, a grande propriedade rural e a escravidão. Eles se revezaram no poder e suas divergências referiam-se ao programa de ação:

- **Partido Conservador**: apoiava a centralização do poder, concordava integralmente com a Constituição vigente e não via com bons olhos o regime parlamentarista. Faziam parte desse partido: Bernardo Pereira de Vasconcelos, o visconde do Rio Branco, o duque de Caxias, Eusébio de Queirós, entre outros.
- **Partido Liberal**: defendia a extinção do Poder Moderador e do Conselho do Estado e propunha reformulações na Constituição. Participavam desse partido Teófilo Otoni, o visconde de Ouro Preto, Joaquim Nabuco e Rui Barbosa.

Explodem novas revoltas

O governo conseguiu pacificar as revoltas iniciadas no período regencial, mas teve de enfrentar outros dois movimentos: a Revolução Liberal de 1842, em São Paulo e em Minas Gerais, e a Revolução Praieira, em Pernambuco.

Revolta Liberal de 1842

A Revolta Liberal foi decorrente da disputa pelo poder político entre os dois partidos: Liberal e Conservador.

Estátua de Duque de Caxias, fixada na praça Princesa Isabel, região central de São Paulo, SP. Foto de 2010.

Usando da violência, os liberais venceram as eleições para a Câmara, em 1842, conhecidas como "eleições do cacete". O Partido Conservador exigiu que o imperador anulasse os resultados dessa eleição. D. Pedro II fechou a Câmara e substituiu o ministério liberal por um conservador. Esses fatos provocaram duas revoltas liberais, uma em São Paulo e outra em Minas Gerais.

Em São Paulo, o movimento foi liderado pelo brigadeiro Rafael Tobias de Aguiar e pelo padre Diogo Antônio Feijó. Os revoltosos foram vencidos pelas tropas do governo, sob as ordens de Luís Alves de Lima e Silva, o barão de Caxias. Feijó foi preso e Tobias de Aguiar, com alguns revolucionários, retirou-se para o Rio Grande do Sul.

Em Minas Gerais, o movimento liberal, liderado por Teófilo Otoni, alastrou-se rapidamente. Os liberais bloquearam a estrada que ligava Ouro Preto ao Rio de Janeiro e conseguiram obter algumas vitórias. Contudo, foram derrotados por Caxias e seus líderes foram presos.

Revolução Praieira (1848-1849)

A Praieira ocorreu em Pernambuco, entre os anos de 1848 e 1849. Foi um movimento político e social, com programa definido. Teve significativa adesão popular, porque o povo vivia em condições de extrema miséria.

A província atravessava grave crise econômica, devido à queda do preço do açúcar. Além disso, a propriedade da terra estava concentrada nas mãos de poucas famílias, que detinham o poder político.

Em 1842, para combater a camada dominante, foi fundado o Partido da Praia, nome que derivava da localização do jornal, o *Diário Novo*, órgão de divulgação do partido, situado na Rua da Praia. Em sua campanha, esse partido aproveitou-se também da hostilidade nutrida pelos pernambucanos contra os comerciantes portugueses, que dominavam o comércio a varejo e não davam emprego aos brasileiros.

Dentre os participantes do movimento, destacaram-se o deputado Nunes Machado e o capitão Pedro Ivo.

Em janeiro de 1849, os praieiros apresentaram seu programa revolucionário em um documento chamado *Manifesto ao Mundo*. Constava de dez itens, entre os quais: voto livre e universal, liberdade de imprensa, nacionalização do comércio e extinção do Poder Moderador. O poder central conseguiu dominar o movimento, e os principais líderes acabaram sendo presos.

O parlamentarismo

Em 1847, o imperador D. Pedro II criou a Presidência do Conselho de Ministros, dando início ao regime parlamentarista no Brasil.

No parlamentarismo, o Poder Executivo é exercido pelo primeiro-ministro, escolhido pelo chefe de Estado entre os membros do partido que tem maioria no Parlamento. O poder mais forte nesse regime é o Legislativo, responsável pela elaboração das leis, aprovação ou não do ministério escolhido, e também por fiscalizar o Executivo.

Mas, no caso brasileiro, o parlamentarismo não funcionou dessa forma. O imperador continuava a tomar as decisões finais, pois, pela Constituição, ainda detinha o Poder Moderador. Quando a Câmara não aprovava o primeiro-ministro escolhido, ele podia fechá-la e convocar novas eleições.

O regime parlamentarista vigorou até 1889. Nesse período, tivemos vários gabinetes liberais e conservadores. Dentre todos os ministérios do Segundo Reinado, o escolhido em 1853 destacou-se por tentar apaziguar as lutas partidárias. Foi formado por Honório Hermeto Carneiro Leão e reuniu liberais e conservadores. Esse ministério governou até 1858 e, nesse período, destacaram-se realizações como construção de estradas de ferro, introdução da navegação a vapor, instalação de bancos, modernização do Rio de Janeiro, iluminação a gás etc.

A política externa

O Segundo Reinado foi abalado por várias questões externas. Divergências do Brasil com a Inglaterra provocaram o rompimento das relações entre os dois países. Foi a chamada Questão Christie.

Entretanto, os mais graves conflitos ocorreram nas fronteiras do Brasil com os países da região do Rio da Prata (Uruguai, Argentina e Paraguai), que acabaram levando à Guerra do Paraguai.

A Questão Christie

O Brasil mantinha uma relação de dependência econômica com a Inglaterra, vendendo produtos tropicais e comprando artigos manufaturados. Apesar dessa dependência, na década de 1860, houve o rompimento das relações entre o Brasil e a Inglaterra, devido à chamada **Questão Christie**. Dois episódios relativamente **banais** tomaram graves proporções.

O primeiro foi o desaparecimento da carga de um navio britânico, o *Príncipe de Gales*, que naufragou em 1861, em águas do Rio Grande do Sul. As autoridades brasileiras não conseguiram descobrir os responsáveis, mas o embaixador inglês William Christie reclamou ao governo o pagamento de uma indenização.

O segundo episódio ocorreu no ano seguinte, no Rio de Janeiro, quando oficiais ingleses, embriagados e provocando desordens, foram presos por policiais brasileiros. Depois de identificados, foram postos em liberdade. Christie pediu a punição dos policiais. D. Pedro II recusou-se a aceitar as exigências do embaixador inglês que, em represália, aprisionou navios brasileiros em águas da Baía da Guanabara. O imperador brasileiro, então, resolveu romper relações com a Inglaterra. A questão foi levada a julgamento internacional, tendo sido escolhido como árbitro o rei Leopoldo, da Bélgica. Sua decisão foi favorável ao Brasil.

As relações entre os dois países somente foram reatadas em 1865.

A intervenção do Brasil no Prata

Durante muitos anos, a região do Rio da Prata foi cenário de várias guerras provocadas pelo interesse do Brasil na região.

Após a independência, formaram-se dois partidos políticos no Uruguai: Blanco e Colorado. O Partido Blanco era ligado à política do ditador Rosas, da Argentina, enquanto o Colorado era aliado do Brasil.

Por duas vezes, o governo brasileiro fez intervenções no Uruguai, apoiando os colorados na deposição do governo blanco. O apoio da Argentina aos blancos provocou uma guerra entre argentinos e brasileiros.

A política brasileira desagradou o ditador do Paraguai, Solano López, que a considerou intervencionista. López rompeu relações diplomáticas com o Brasil.

A Guerra do Paraguai

A Guerra do Paraguai, que se prolongou por quase seis anos (1864-1870), foi o conflito de maior duração no continente americano.

Desde a proclamação de sua independência, em 1811, o Paraguai manteve uma política de isolamento em relação ao resto do continente. Isso lhe garantiu uma independência econômica e política, até mesmo em relação à Inglaterra, que era a grande potência mundial.

Observe, no mapa, a Bacia do Prata, formada por vários rios principais e seus afluentes. Esses rios eram vias de grande importância para o comércio da região platina e do Brasil.

Em 1840, ao assumir o governo do Paraguai, Carlos Antônio Lopes contratou colonos e técnicos estrangeiros, especialmente franceses, e modernizou a esquadra comprando embarcações da Inglaterra.

Em 1862, Carlos Antônio Lopes foi sucedido por Francisco Solano López. Durante o governo deste último, a economia paraguaia avançou ainda mais: foram instaladas linhas de telégrafo, estradas de ferro, fábricas de material de construção, tecidos, papel, louça, tintas e pólvora. O Estado controlava o setor siderúrgico, administrava fazendas e cedia terras aos camponeses.

As exportações paraguaias equivaliam ao dobro das importações. A moeda era forte e estável. Não havia no Paraguai uma só criança analfabeta, ao contrário do restante da América Latina.

A deflagração da guerra

Ao romper relações com o governo brasileiro, devido, principalmente, à política imperialista do Brasil, e interessado em conseguir uma saída para o Atlântico, Solano López mandou aprisionar o navio brasileiro *Marquês de Olinda*, que subia o Rio Paraguai em direção a Mato Grosso. Em seguida, invadiu o sul mato-grossense e as províncias argentinas de Corrientes e Entre-Rios, a fim de conseguir uma passagem das tropas paraguaias rumo ao Uruguai e ao Rio Grande do Sul.

Em maio de 1865, o Brasil, a Argentina e o Uruguai formaram a **Tríplice Aliança** contra o Paraguai. Esses países tiveram o apoio da Inglaterra, que temia a concorrência do comércio paraguaio na América.

Cabo desconhecido que pertencera ao 1º Batalhão de Voluntários da Pátria, infantaria pesada. Foto de 1865.

Soldados dos Voluntários da Patria que combateram na Guerra do Paraguai. Desenhos de Hendrik Jacobus Vinkhuijzen, publicados pela primeira vez em 1867, na Alemanha.

A fim de arregimentar soldados, o governo imperial brasileiro lançou uma grande campanha para formar o Corpo dos Voluntários da Pátria. Os primeiros batalhões de voluntários que partiram para o Paraguai eram formados por jovens da elite.

Contudo, a maioria da população brasileira continuava indiferente e pouco mobilizada para o conflito. O governo acabou lançando mão do recrutamento forçado, que consistia em obrigar os filhos e parentes dos fazendeiros a irem para a guerra. Entretanto, eles podiam enviar escravos em seu lugar, os quais lutariam e ganhariam a liberdade. Com isso, o Exército brasileiro era formado, em boa parte, por um contingente de negros escravos esperançosos de liberdade.

O cenário da Guerra do Paraguai (1865-1870)

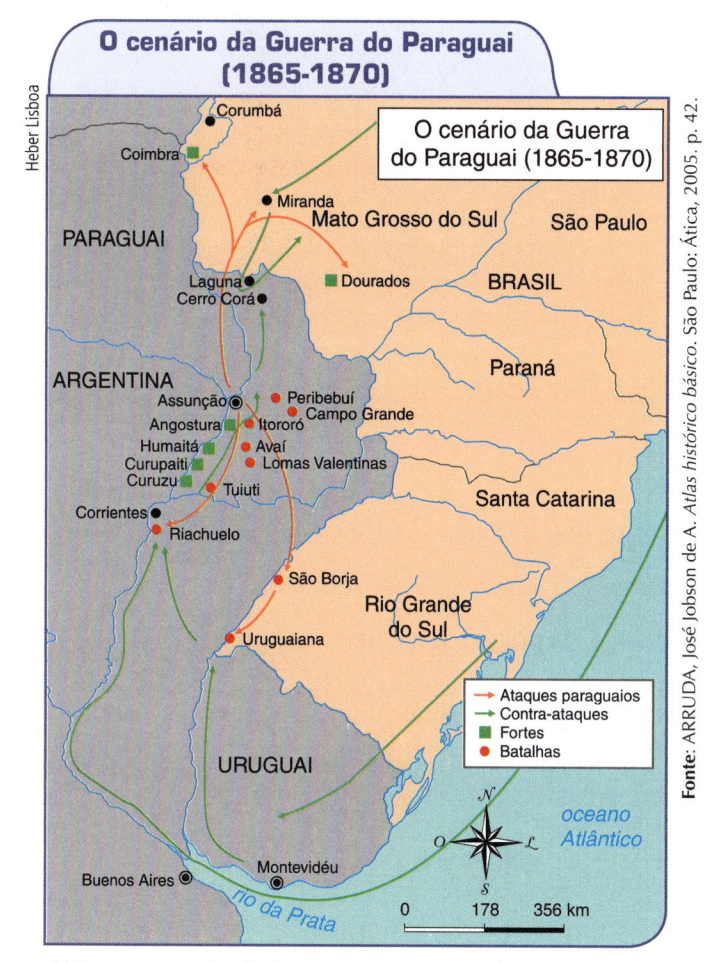

Fonte: ARRUDA, José Jobson de A. *Atlas histórico básico*. São Paulo: Ática, 2005. p. 42.

Veja, no mapa, a direção dos ataques paraguaios e do exército aliado. Observe também as áreas onde ocorreram as principais batalhas e onde se localizavam alguns fortes.

Durante a Guerra do Paraguai, ocorreram as maiores batalhas travadas na América do Sul. A primeira grande batalha aconteceu em junho de 1865, no Rio Paraná, diante da foz do pequeno afluente chamado Riachuelo. Os aliados venceram, comandados pelo almirante Barroso, afundando as principais embarcações paraguaias.

Na Batalha de Tuiuti, os paraguaios sofreram novas derrotas. Contudo, a derrota dos brasileiros na Retirada da Laguna, em 1867, deu novo ânimo aos paraguaios.

Em dezembro de 1868, ocorreram quatro vitórias de Caxias, uma série conhecida como Dezembrada (Avaí, Itororó, Lomas Valentinas e Angostura).

Em janeiro de 1869, os aliados ocuparam Assunção e foi empreendida uma perseguição a Solano López até as Cordilheiras. No mês de março de 1870, o Exército imperial brasileiro chegou a Cerro Corá e derrotou definitivamente os paraguaios. Solano López foi morto nessa batalha.

Depois dessa guerra, o Paraguai ficou totalmente arruinado. Apenas pouco mais de 20% de sua população sobreviveu, e o país arcou com uma enorme dívida de guerra. A Argentina passou a deter a hegemonia na Bacia Platina.

Para o Império Brasileiro, que perdera 100 mil homens, os gastos com o conflito agravaram a situação financeira e foi necessário contrair novos empréstimos da Inglaterra. O Exército fortaleceu-se e profissionalizou-se. Além disso, os militares e os escravos alforriados durante a luta passaram a criticar duramente a escravidão no Brasil.

Passagem do Chaco, detalhe da tela de Pedro Américo, pintada em 1871, mostra uma manobra militar, durante a Guerra do Paraguai, comandada pelo general Osório para surpreender o exército inimigo.

> Quando começou a guerra, o Paraguai tinha aproximadamente oitocentos mil habitantes. [...] Ao terminar [...] só existiam no Paraguai cento e noventa e quatro mil habitantes. Destes, quatorze mil eram homens e cento e oitenta mil mulheres; dos quatorze mil homens que sobraram da população inicial de oitocentos mil habitantes, pelo menos setenta por cento eram crianças de menos de dez anos.
>
> CHIAVENATO, Júlio José. *Genocídio americano: a Guerra do Paraguai*. São Paulo: Brasiliense, 1979. p. 149.

ATIVIDADES

1 Releia o item sobre os partidos políticos no Segundo Reinado e responda: esse partidos eram muito diferentes? Justifique.

_____
_____
_____

2 Assinale a frase que contém o motivo da Revolta Liberal de 1842.

( ) Antecipação da maioridade de D. Pedro II, que deu o poder aos conservadores.

( ) Dissolução das Câmaras favoráveis aos liberais sob a alegação de fraude nas eleições.

( ) Interesse de D. Pedro II em afastar o padre Feijó da política nacional.

3 Descreva o funcionamento do regime parlamentarista no Brasil durante o Segundo Reinado.

_____
_____
_____

4 Compare a situação do Paraguai antes e após a Guerra do Paraguai. Identifique as mudanças que o país sofreu.

_____
_____
_____
_____
_____

5 Aponte os resultados da Guerra do Paraguai para o Brasil.

_____
_____
_____
_____

Refletindo

6 Um dos pontos defendidos pela Revolução Praieira era a liberdade de imprensa. Procure saber se em outros períodos da nossa história houve censura à imprensa, como era feita e como os profissionais reagiam à censura.

7 Vamos rever algumas informações deste capítulo:

- O Brasil mantinha com a Inglaterra uma relação de dependência econômica, vendendo produtos tropicais e comprando artigos manufaturados.

- O Paraguai manteve uma política de isolamento em relação ao resto do continente, o que lhe garantiu uma independência política e econômica, até mesmo em relação à Inglaterra, que era a grande potência mundial.

- A Tríplice Aliança teve o apoio da Inglaterra.

Considerando essas informações, procure explicar o apoio inglês à Guerra do Paraguai.

_____
_____
_____
_____

8 Dê sua opinião sobre a posição do governo brasileiro de intervir na política dos países da região do Prata.

Pesquisando

9 Escreva um texto explicando os motivos que provocaram a Guerra do Paraguai.

_____
_____
_____
_____

10 Os países envolvidos na Guerra do Paraguai formaram o bloco econômico conhecido por Mercosul em 1991. Pesquise o que é o Mercosul, seus objetivos e quais os países que compõem esse bloco na atualidade.

Trabalhando em grupo

11 Gincana.

Elaborem uma cruzadinha com informações contidas neste capítulo. Troquem a atividade com os outros grupos e confiram as respostas. Vocês poderão marcar tempo e verificar o grupo que consegue resolver primeiro!

Capítulo 5
A economia no Segundo Reinado

Imaginando a vida numa fazenda de café

Vale do Paraíba, meados do século XIX. Amanhece o dia. Depois de fazer uma ligeira refeição, o fazendeiro, da varanda da casa-grande, olha para as vastas plantações de café que cobrem grande parte de suas terras. Todo café que produzir será vendido no mercado interno ou exportado para alguns países europeus e para os Estados Unidos.

Escravos em terreiro de uma fazenda de café na região do Vale do Paraíba, Rio de Janeiro, RJ, c. 1882.

O cafeicultor, sua família e alguns agregados habitam a casa-grande.

Diante dela, há o terreiro onde se processa a secagem do café. Um pouco mais além ficam a senzala e as oficinas: marcenaria, carpintaria, selaria, ferraria, teares para a confecção de tecidos grosseiros, usados para fazer as vestimentas dos escravos. Na fazenda, produz-se quase tudo de que seus habitantes necessitam. Somente o sal, o ferro e a pólvora vêm de fora.

> Tratando-se de uma unidade de produção, as fazendas cafeeiras, seu cotidiano e espaço eram organizados para a máxima exploração da terra, e sobretudo dos trabalhadores — no caso, os escravos.
>
> MARTINS, Ana Luiza. O trabalho nas fazendas de café. São Paulo: Atual, 1994. (A Vida no Tempo do Café).

Colheita de café na Tijuca. Obra de Johann Moritz Rugendas, 1835.

Algumas fazendas chegam a ter mais de mil escravos de origem africana, e todo o trabalho é feito por eles. O poder do cafeicultor é medido pelo número de escravos que possui.

Esses poderosos senhores são conhecidos como os "barões do café", graças a títulos de nobreza (barão, conde, duque) que recebiam do governo imperial. Assim como na economia canavieira, os escravos são "os pés e as mãos" do cafeicultor.

Escravos indo para a colheita de café, foto de Marc Ferrez, Vale do Paraíba, 1885.

Os escravos vivem sob rígida disciplina. Acordam muito cedo e reúnem-se diante das senzalas, onde é feita a distribuição dos serviços. A maioria vai para o cafezal, onde passa o dia todo trabalhando, sob as ameaças do chicote do feitor.

Além de plantar, colher, beneficiar e ensacar o café, eles mantêm uma lavoura de subsistência, com milho, feijão, mandioca, abóbora, amendoim. São os escravos que cuidam dos animais e de toda a manutenção da fazenda, como a produção de velas de sebo, sabão de cinza, preparo do azeite para as **candeias**, fabrico do **anil**, tintura de tecidos etc.

Os escravos são selecionados, principalmente, por sua força e habilidade. Os mais fortes ficam com os serviços pesados; os mais habilidosos são encaminhados para as oficinas. O escravo mais especializado, chamado oficial, veste-se melhor e é menos vigiado.

Há também os escravos domésticos, que trabalham na casa-grande atendendo ao senhor e sua família: copeiros, mucamas, lavadeiras, cozinheiras, quituteiras, costureiras... Entre 9 e 10 horas da manhã, os escravos almoçam feijão, farinha, angu, abóbora e, às vezes, um pedaço de toucinho.

Trabalham até duas ou três horas da tarde, quando jantam; a comida é a mesma do almoço. Continuam a trabalhar até o entardecer. Voltam para a habitação, onde o feitor passa a revista, contando as cabeças. Têm uma ceia de arroz, feijão e canjica e são trancafiados nas senzalas.

Vistoria de 3 mil negros em frente à casa-grande. Foto de Augusto Riedel, 1868.

ATIVIDADES

1 Como era comercializado o café no Vale do Paraíba?

2 Já que a fazenda de café era uma unidade de produção, como o dono da fazenda utilizava seu espaço?

3 Na economia cafeeira, os escravos eram considerados "os pés e as mãos" do cafeicultor. O que significa isso?

4 Como o cafeicultor selecionava os escravos?

5 Pesquise e compare a vida dos escravos nos engenhos de açúcar nos séculos XVI e XVII e nas fazendas de café no século XIX.

6 Escolha uma das imagens que mostram escravos na lavoura cafeeira, no início do capítulo. Com base nela, escreva um texto. Você pode descrever a imagem, relacionando-a com a economia cafeeira no século XIX ou, se preferir, elaborar um texto ficcional, usando o cenário da foto e os personagens que aparecem.

O café

Durante o período monárquico, a atividade agrícola continuou a ser o sustentáculo da economia brasileira. Dos produtos cultivados, o mais importante foi o café que, além de abastecer o mercado interno, era destinado, em grande parte, à exportação. Os capitais gerados pela venda do café, associados a outros fatores, permitiram o desenvolvimento da economia nacional. Originário da Abissínia (atual Etiópia), na África, o café foi levado à Europa pelos árabes. No século XVIII, os franceses trouxeram as primeiras sementes para a América e iniciaram a plantação na Guiana Francesa. No Brasil, o café chegou em 1727, trazido por Francisco de Melo Palheta, e foi plantado nas regiões próximas a Belém do Pará.

Em 1761, João Alberto Castelo Branco trouxe algumas sementes para o Rio de Janeiro, na região do Vale do Paraíba, onde o produto se desenvolveu graças à existência de mão de obra abundante, às facilidades de transporte e à proximidade do porto.

Mapa atual da região do Vale do Paraíba

Fonte: IBGE. *Atlas geográfico escolar*. 4. ed. Rio de Janeiro, 2007.

Imagine o curso de um rio, o rio Paraíba do Sul, que nasce no pé da serra da Bocaina, no estado de São Paulo, e deságua em Campos, no estado do Rio de Janeiro.

Esse rio atravessa um imenso vale, que recebe exatamente o nome de Vale do Paraíba. De um lado, próximo ao litoral, está a serra do Mar. Do outro, mais para o interior, está a serra da Mantiqueira.

[...] Ao iniciar o século XIX, porém, essa paisagem passou por uma radical transformação, tornando-se palco do "maior fenômeno agrícola do século": o café, que se espalhou pelas terras do Vale.

Por que o café em lugar da cana? Eis aqui algumas razões:

- o café exigia investimentos mais baixos para seu cultivo;
- o café se deteriorava menos no transporte;
- o cafeeiro poderia durar 30 anos, enquanto a cana devia ser replantada a cada três anos;
- o café estava mais bem cotado no mercado internacional;
- faltava café na praça, pois o Haiti, principal produtor, suspendera o fornecimento por atravessar uma guerra interna.

Para completar tantas vantagens, o próprio governo incentivava seu cultivo, distribuindo mudas.

MARTINS, Ana Luiza. *O trabalho nas fazendas de café*. São Paulo: Atual, 1994. p. 5-6.

As plantações se espalharam em direção a Angra dos Reis e Parati. Acompanhando o curso do Rio Paraíba do Sul, os cafezais atingiram São Paulo e a Zona da Mata mineira. Em alguns anos, o café se tornou a principal riqueza do Brasil, que passou a ser o primeiro produtor mundial.

A partir de 1870, a produção de café no Vale do Paraíba começou a declinar. Os cafeicultores dessa região não se preocuparam em melhorar as técnicas de produção. Houve derrubada indiscriminada das matas, erosão do solo e má distribuição dos pés de café.

Colheita de café no Vale do Paraíba. Foto de Marc Ferrez, 1882.

Apesar dessa decadência, a produção nacional não foi afetada, porque os cafezais já haviam atingido o Oeste paulista, onde encontraram condições muito propícias para seu desenvolvimento: a terra roxa e o clima úmido. Nessa região, foram utilizadas modernas técnicas de plantio e beneficiamento do produto, reduzindo o custo de produção e aumentando a produtividade.

Graças ao café, São Paulo passou a ser o maior centro econômico do país, e o Porto de Santos superou o do Rio de Janeiro em exportações.

O café provocou várias transformações no panorama brasileiro, entre elas:
- construção de estradas ligando a zona cafeeira aos portos;
- desenvolvimento das atividades industriais de máquinas de beneficiamento de café e sacaria, além de incentivo à indústria têxtil;
- crescimento ou aparecimento de várias cidades;
- incremento do comércio e do sistema bancário;
- introdução do trabalhador livre e assalariado depois da extinção do tráfico de escravos, em 1850, devido à crescente necessidade de braços para a lavoura;
- aumento da imigração.

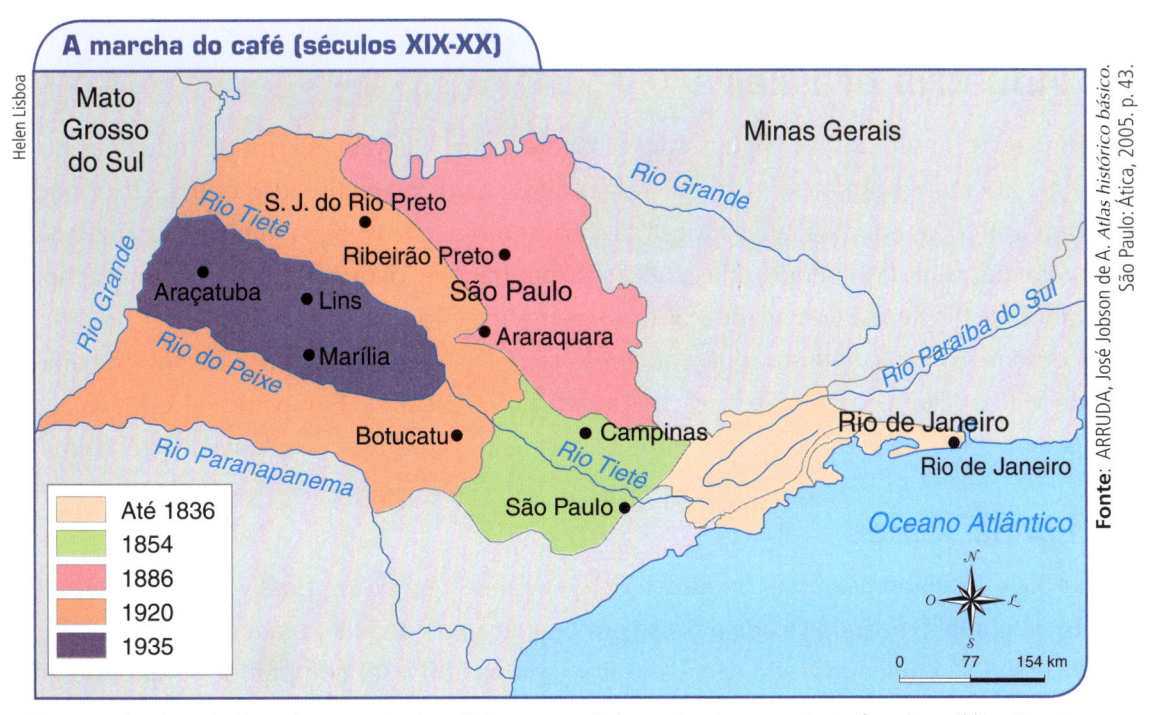

A marcha do café (séculos XIX-XX)

Fonte: ARRUDA, José Jobson de A. *Atlas histórico básico*. São Paulo: Ática, 2005. p. 43.

Observe, pelas datas das legendas, a marcha do café durante o período monárquico e na primeira fase da república. Durante a monarquia, o café atingiu, além do Vale do Paraíba, o Oeste paulista, onde se localizam importantes cidades. No início do período republicano, os cafezais dominaram praticamente todo o estado de São Paulo.

Outros produtos agrícolas

Além do café, o Brasil continuou produzindo outros produtos, com destaque para o açúcar, o algodão e o cacau.

- **Cana-de-açúcar**: teve uma pequena fase de prosperidade no período monárquico. Enfrentava a concorrência do açúcar produzido nas Antilhas e do açúcar de beterraba da Europa.
- **Algodão**: produzido sobretudo no Maranhão, sofreu a concorrência dos Estados Unidos durante a monarquia.
- **Cacau**: foi cultivado principalmente no sul da Bahia. Sofreu concorrência da produção das colônias inglesas da África.

O cafeicultor de dois perfis: a tradição e a inovação

Havia grandes diferenças entre os cafeicultores do Vale do Paraíba e os do Oeste paulista.

O cafeicultor fluminense era patriarcal e escravista e apresentava um comportamento muito semelhante ao dos antigos senhores de engenho. Vivia na fazenda e sua posição social era determinada pela quantidade de negros que possuía. Não procurava adotar novas técnicas e não controlava a comercialização do café que produzia, deixando-a nas mãos de intermediários.

O cafeicultor paulista, ao contrário, adotava seus próprios esquemas de comercialização do café. Não vivia na fazenda. Tinha sua residência nas vistosas mansões da cidade de São Paulo, possuindo valores muito mais urbanos que rurais.

Como o grande impulso do café paulista se deu na época da extinção do tráfico de escravos negros (1850), o cafeicultor paulista procurou trazer para sua fazenda os imigrantes europeus, como trabalhadores assalariados. Aceitava com grande entusiasmo a moderna tecnologia e aplicava-a, obtendo uma produtividade cinco vezes maior que a das fazendas fluminenses.

ORDOÑEZ, Marlene; QUEVEDO, Júlio. *História 2º Grau*. São Paulo: Ibep, 1999. p. 355. Texto adaptado.

A indústria brasileira

Em meados do século XIX, alguns fatores favoreceram o aparecimento de indústrias no Brasil. Os capitais liberados com a extinção do tráfico de escravos e acumulados com as exportações de café foram aplicados em atividades industriais. Além disso, em 1844, o ministro da Fazenda, Alves Branco, elevou as tarifas alfandegárias sobre as importações, para aumentar a arrecadação, o que não agradou aos ingleses, mas acabou por proteger a indústria nacional.

No desenvolvimento industrial da época, destacou-se Irineu Evangelista de Sousa, barão e visconde de Mauá. Algumas de suas realizações foram a construção da Estrada de Ferro Mauá, ligando o Rio de Janeiro à raiz da Serra de Petrópolis, e a construção do estaleiro de Ponta de Areia, em Niterói.

A Lei de Terras

Em 1850, foi elaborada a Lei de Terras, determinando que só era possível a aquisição de terras por meio de compra, ficando vetada a posse por ocupação ou doação, práticas permitidas até então.

Com essa lei, a única maneira de se adquirir terra passou a ser comprando os lotes do governo.

Essa lei impediria que os imigrantes que começariam a chegar ao Brasil a partir dessa época se tornassem proprietários, porque apenas quem tivesse capital poderia pagar pelas terras. Do mesmo modo, escravos que conseguiam sua alforria não tinham condições de adquirir lotes de terra.

ATIVIDADES

1) Qual foi o papel do café na economia do Segundo Reinado?

2) Que fatores favoreceram o desenvolvimento da lavoura cafeeira no século XIX?

3) Cite as principais regiões produtoras de café na época.

4) Que fatores provocaram o declínio da produção do café no Vale do Paraíba?

5) Quais as transformações provocadas pela economia cafeeira?

Refletindo

6) Leia o boxe da página 56 e explique as razões de o café ter sido plantado na região do Vale do Paraíba, em lugar da cana-de-açúcar.

59

7 Leia o texto da página 58, "O cafeicultor de dois perfis: a tradição e a inovação", e estabeleça uma comparação entre os cafeicultores do Vale do Paraíba e do Oeste paulista, explicando por que um representava a tradição e o outro, a inovação.

_____
_____
_____

8 Quais foram os resultados da Lei de Terras?

_____
_____
_____

9 Com a Tarifa Alves Branco as tarifas alfandegárias foram elevadas. Como essa medida favoreceu a indústria? Por que essa medida não interessava à Inglaterra?

_____
_____
_____

Pesquisando

10 "Visconde de Mauá: vida e obra". Esse é o título da pesquisa biográfica que você deve fazer relacionando-a com o período de crescimento industrial durante o Segundo Reinado.

Que tal assistir a um filme? O filme *Mauá, o imperador e o rei* procura mostrar bem esse período estudado. Depois de pesquisar a biografia de Mauá, compare-a com as informações do filme e observe o ambiente, roupas e contexto.

Trabalhando com mapas

11 Observe os mapas das páginas 56 e 57 e responda às perguntas:

a) Qual a região mais antiga de plantação de café?

_____

b) Qual o rio que corta o estado de São Paulo e desemboca no Rio Grande?

_____

c) Quais as cidades representadas no mapa que surgiram no estado de São Paulo com a expansão do café em 1886?

_____

d) Em que época o café atingiu as cidades paulistas de Araçatuba, Lins e Marília?

_____

Capítulo 6
DO TRABALHO ESCRAVO AO TRABALHO LIVRE

A difícil conquista da liberdade

Durante todo o período de escravidão no Brasil, houve sempre a resistência dos negros. Eles jamais se conformaram com a situação em que viviam e lutaram muito para se tornar homens livres. No entanto, apenas no século XIX, a escravidão foi abolida definitivamente no país.

Transporte de um comboio de negros, litografia colorida de Johann Moritz Rugendas, c. 1835.

Brasil do século XIX. Muita coisa havia mudado desde a chegada dos primeiros colonizadores portugueses. As cidades cresceram e a população aumentou. O Rio de Janeiro, capital do Império, foi a cidade mais atingida pelas mudanças. A influência cultural da França era grande: hábitos e costumes franceses eram imitados pelos brasileiros.

Panorama do Rio de Janeiro. Litografia de J. Jacottet baseada em foto de Victor Frond.

A escravidão permanecia inalterada. O comércio e a exploração dos escravos enriqueceram os traficantes e a elite escravista. Havia três séculos e meio que os africanos e seus descendentes estavam sendo utilizados como mão de obra dominante nas lavouras, na extração do ouro, nos transportes, no comércio, nos serviços domésticos...

Em todos os cantos do Brasil, na cidade ou no campo, lá estavam eles cuidando da terra, plantando, colhendo, transportando, cuidando das casas e das crianças brancas, fazendo comércio para seus donos, trabalhando como artífices.

> Na verdade, a mão escrava
> Passava a vida limpando
> o que a mão branca sujava [...]
>
> GIL, Gilberto. A mão da limpeza. In: *Raça Humana*. WEA, 1984. CD.

Por que somente no século XIX foi possível concretizar a abolição dos escravos?

Nesse século, as ideias de liberdade e igualdade já dominavam a Europa e atingiam vários pontos do mundo. A liberdade passou a ser considerada um direito natural do homem. Mas, além desse ideário, interesses internacionais interferiram de forma decisiva na abolição.

A Inglaterra, potência industrial da época, passou a combater o tráfico de escravos negros. Será que foi por razões humanitárias? Claro que não. O tráfico deixou de interessar aos empresários ingleses por vários motivos.

Como tinham empresas agrícolas no continente africano, não queriam que fosse retirada mão de obra da região. Além disso, reduzindo a entrada de mão de obra no Brasil, nossa produção cairia e diminuiria a concorrência brasileira às colônias inglesas da América.

Havia ainda um outro motivo. Se a escravidão acabasse no Brasil e o trabalhador fosse assalariado, um número maior de pessoas poderia comprar os produtos manufaturados de que precisavam, como roupas, sapatos, chapéus e muitos outros. E quem produzia esses artigos? A Inglaterra, certamente. Então, com o fim da escravidão no Brasil, os ingleses poderiam ampliar o mercado de consumo para seus produtos.

Creoles, litografia colorida à mão, de Johann Moritz Rugendas, s.d.

Desde o governo de D. João VI, o Brasil vinha se comprometendo com a Inglaterra a interromper o tráfico de escravos. Um acordo nesse sentido foi assinado por D. Pedro I, mas não foi cumprido. Como se dizia, era "para inglês ver".

Nem mesmo os navios de guerra ingleses que passaram a aprisionar navios negreiros conseguiram que os acordos fossem respeitados. O tráfico de escravos continuava e a escravidão também.

Excessivas pressões sobre o governo brasileiro levaram à aprovação de uma lei, em 1850, declarando extinto o tráfico. Enfim, não entrariam mais escravos no Brasil, pelo menos legalmente. Entretanto, o contrabando continuou nos anos posteriores. E a escravidão no país permanecia...

Porém, a proibição do tráfico levou a um aumento do preço dos escravos. Os cafeicultores do Sudeste, para obter mão de obra, tinham de comprá-la de outras províncias e, para tanto, desembolsavam grandes quantias em dinheiro. Muitos fazendeiros, descontentes, deixaram de apoiar a escravidão.

Ser vendido para as fazendas de café significou, para muitos escravos, a separação definitiva da família que haviam formado; além disso, tiveram de se acostumar com novas normas que lhes eram impostas.

Descontentes, muitos escravos promoviam atos de rebeldia e insubordinação. Também fugiam, organizando quilombos. Um quilombo importante nessa época foi o de Jabaquara, numa região que hoje faz parte da cidade paulista de Santos. Os escravos do Vale do Paraíba fugiam com ajuda de uma organização secreta chamada Os Caifazes, integrada tanto por ex-escravos quanto por trabalhadores urbanos e também por fazendeiros que já eram adeptos da mão de obra livre.

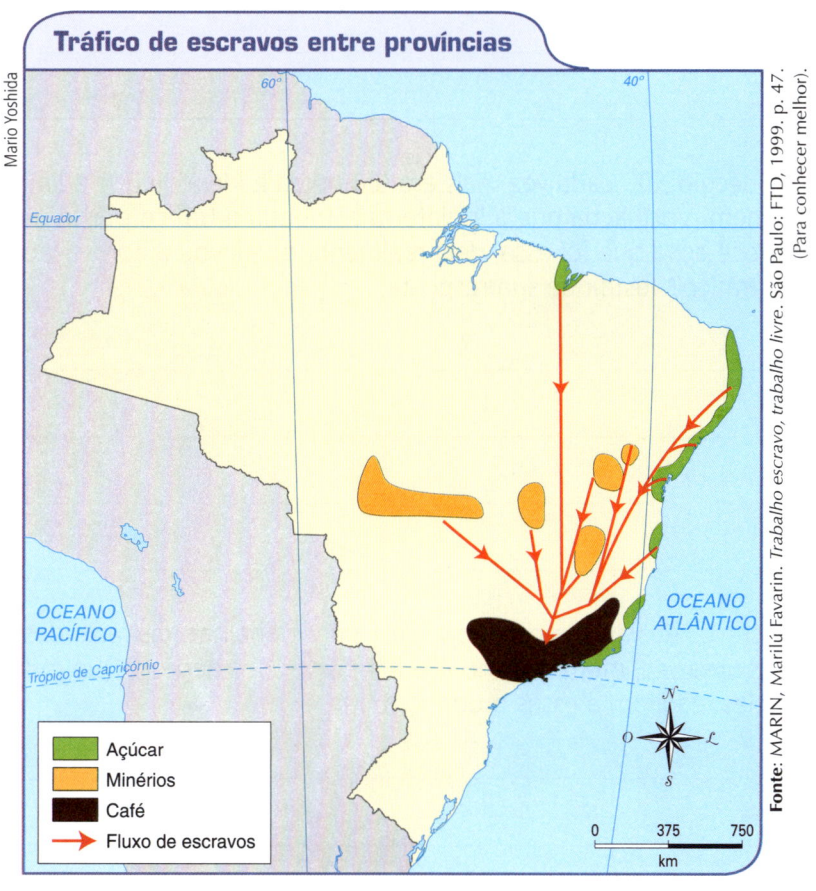

Observe o fluxo de escravos para a região cafeeira.

Outros quilombos que se destacaram no final do século XIX foram: o Quilombo de Petrópolis; o Quilombo do Cupim, no Recife; o Quilombo Carlos Lacerda, em Campos, no Rio de Janeiro; o Quilombo do Leblon; o Quilombo Patrocínio; o Quilombo Clapp; o Quilombo de Pai Filipe, entre outros.

O governo e grande parte da sociedade brasileira tinham uma certeza: a abolição dos escravos era uma questão de tempo. A transição para o trabalho livre poderia vir de uma forma mais lenta ou mais rápida. A decisão foi pela mais lenta.

Quilombo Jabaquara em 1900. Foto de J. Marques Pereira, publicada no jornal santista *A Tribuna* de 26/1/1939, edição especial comemorativa do centenário da Vila de Santos. O local serviu de apoio aos caifazes.

ATIVIDADES

1. Imagine que você vivesse na época da escravidão e que tivesse de escrever um artigo para um jornal defendendo a libertação dos escravos. Reúna-se com seu grupo e escrevam o artigo. Depois, leiam-no para a classe e exponham no mural da sala de aula.

2. O comércio e a exploração de escravos atendiam aos interesses de que camada da população? Por quê?

3. Na Europa, no século XIX, cada vez mais era difundida a ideia de que a liberdade é um direito natural do homem. Você acha que a Inglaterra combatia o tráfico por ter realmente aderido a essa ideia? Você acha que foi essa ideia realmente que levou à aprovação da lei de 1850, extinguindo o tráfico? Justifique sua resposta.

4. A venda de escravos de várias regiões do Brasil para trabalhar nas fazendas de café no Sudeste provocou, mais uma vez, mudanças no modo de viver dos negros. Que mudanças foram essas? Como eles reagiram a essas mudanças?

A abolição dos escravos

A pressão inglesa foi decisiva para a extinção do tráfico de escravos negros para o Brasil. Essa pressão havia se iniciado em 1810, ainda na administração de D. João, e no Segundo Reinado tornou-se mais forte. Em 1845, o Parlamento inglês votou uma lei, o Bill Aberdeen, que autorizava a Marinha inglesa a aprisionar navios negreiros e a julgar os traficantes, independentemente da sua nacionalidade, em um tribunal inglês.

Diante dessa situação, foram elaboradas duas leis no Brasil:

• Lei Eusébio de Queirós (1850): proibia definitivamente o tráfico de negros africanos e estabelecia severas penas a quem a desrespeitasse;

• Lei Nabuco de Araújo (1854): autorizava a Marinha a perseguir e punir os traficantes de escravos.

Com a proibição do tráfico externo, verificou-se um período de contrabando de africanos. Além disso, o tráfico entre as províncias se acentuou. Esses fatos provocaram um aumento do preço dos escravos. Os cafeicultores, que precisavam de trabalhadores em suas fazendas, passaram a preferir a mão de obra do imigrante. Por isso, muitos fazendeiros do Oeste paulista apoiaram o abolicionismo.

Na década de 1870, a campanha abolicionista cresceu significativamente, contando com a participação dos fazendeiros do Oeste paulista, comerciantes, industriais, políticos e intelectuais. Essa campanha contou ainda com a adesão de muitos oficiais do Exército brasileiro, após o término da Guerra do Paraguai. Por outro lado, o governo brasileiro enfrentava forte pressão internacional. Em 1870, o Brasil era o único país independente da América a manter a escravidão.

Dentre os participantes da campanha abolicionista, destacaram-se Luís Gama, advogado e jornalista; André Rebouças, engenheiro; José do Patrocínio, farmacêutico; Joaquim Nabuco, deputado.

Também entre os escravos as coisas andavam cada vez mais agitadas. Estimulados pela divulgação das ideias abolicionistas, os cativos mostravam-se cada vez mais rebeldes e resistentes à escravização. Como havia uma grande concentração de escravos insatisfeitos com sua condição na região Sudeste, a elite escravista começava a se sentir ameaçada.

Fugas em massa tornaram-se mais comuns. Agressões físicas – muitas fatais, – contra os senhores de escravos, suas famílias, feitores e **capatazes** – eram seguidamente noticiadas nos jornais dos centros urbanos.

[...]

Alguma providência precisava ser tomada de modo que a resistência escrava não colocasse em risco a segurança da elite e a continuidade do processo produtivo. Se a extinção da escravidão tivesse de acontecer, que isso fosse o mais tarde possível, por meio de um processo lento, gradual e ordeiro, sob o controle da elite escravista.

MARIM, Marilú Favarin. Trabalho escravo, trabalho livre. São Paulo: FTD, 1998. p. 29-30. Coleção Para conhecer melhor.

As leis abolicionistas

Para o governo brasileiro, a abolição deveria ser concretizada de forma lenta e gradual, pois ele temia uma crise nas lavouras que ainda utilizavam mão de obra escrava, e a perda de seu prestígio entre alguns fazendeiros que permaneciam escravocratas.

Em 1871, foi promulgada a primeira lei abolicionista, a Lei Rio Branco, mais conhecida como **Lei do Ventre Livre**. Essa lei libertava todos os filhos de escravas nascidos a partir dessa data. O dono de suas mães tinha a obrigação de criá-los até atingirem 8 anos de idade. Leia com atenção o texto dessa lei:

Lei do Ventre Livre

Art. 1o – Os filhos de mulher escrava que nasceram no Império desde a data desta lei serão considerados de condição livre.

§1o – Os ditos filhos menores ficarão em poder e sob a autoridade dos senhores de suas mães, os quais terão a obrigação de criá-los e tratá-los até a idade de oito anos completos. Chegando o filho da escrava a esta idade, o senhor da mãe terá opção, ou de receber do Estado a indenização de 600$000 (seiscentos mil-réis), ou de utilizar-se dos serviços do menor até a idade de 21 anos completos.

A Lei do Ventre Livre, na realidade, representou uma manobra política para acalmar os abolicionistas, mas o efeito foi exatamente contrário: eles ficaram extremamente revoltados. Perceberam que a lei não teria quase nenhum resultado prático.

Em 1884, a província do Ceará antecipou-se e aboliu a escravidão. Ali havia ocorrido um movimento de jangadeiros, que se recusavam a transportar para os navios os escravos vendidos para as províncias do Sul. Logo em seguida, mais duas províncias promoveram a abolição: o Rio Grande do Sul e o Amazonas.

Com o crescimento da campanha abolicionista, ocorreram fugas de escravos em várias fazendas e formaram-se inúmeros quilombos. Um dos mais expressivos foi o Quilombo Jabaquara, fundado em 1882 perto da cidade de Santos, em São Paulo, que reuniu cerca de 10 mil pessoas. Na formação desse quilombo, foi decisiva a atuação de Antônio Bento, que organizou o grupo dos caifazes para ajudar os negros a fugir.

Em 1885, foi elaborada uma nova lei, a **Lei dos Sexagenários**, também conhecida como Lei Saraiva-Cotegipe, que dava liberdade aos escravos com mais de 60 anos. No entanto, eles deveriam pagar uma indenização de 100 mil-réis ao seu senhor ou trabalhar por mais cinco anos.

Essa lei tinha um caráter cruel. Além de ser ineficiente para a maioria dos escravos, já que a expectativa de vida entre eles não chegava aos 40 anos, desobrigava os senhores de alimentar os velhos escravos, que não produziam praticamente mais nada. Essa lei provocou grande reação dos abolicionistas.

Somente em 13 de maio de 1888, a princesa Isabel assinou a **Lei Áurea**, extinguindo definitivamente a escravidão no Brasil. Essa lei foi resultado de uma proposta do primeiro-ministro João Alfredo e obteve a aprovação da maioria dos parlamentares.

A Princesa Imperial Regente, em nome de S. M. o Imperador e Sr. D. Pedro II, faz saber a todos os cidadãos do Império que:
Art. 1o) É declarada extinta desde a data desta lei a escravidão no Brasil.
Art. 2o) Revogam-se as disposições em contrário.

A abolição dos escravos provocou o enfraquecimento da monarquia, porque o imperador perdeu o apoio de muitos proprietários de terras que ainda utilizavam mão de obra escrava em suas fazendas. Em relação aos africanos e seus descendentes, a lei não trouxe expressivas mudanças. Eles enfrentaram muitas dificuldades para se integrar à sociedade. Nas cidades, não conseguiam emprego e, no campo, caíram na economia de subsistência.

> Vencer a desigualdade racial é, também, lutar por soberania. Não a soberania baseada na dominação de um povo sobre o outro. Mas aquela baseada no estreitamento de relações comerciais, políticas e culturais com aqueles povos e continentes, que aspiram, como nós, a um futuro de independência e dignidade. Sinto-me de alma lavada por ter sido o presidente da República que, no primeiro ano de mandato, decidiu saldar uma dívida antiga do Brasil: acabamos de percorrer uma parte do imenso continente africano para dizer e ouvir em cinco países: somos irmãos, somos parceiros, temos desafios comuns, temos lições a trocar. Vamos caminhar juntos. Vamos acelerar o nosso passo, conscientes de que não é possível superar, em quatro anos, o que se estabeleceu em quatro séculos nos dois continentes. Mas essa é a verdadeira globalização humanitária; essa é uma forma de desenvolvimento pela qual vale a pena viver e lutar: aquela na qual a cor de um ser humano não define o seu caráter, a sua inteligência, os seus sentimentos e a sua capacidade, mas apenas expressa a maravilhosa diversidade racial e cultural da qual somos feitos.
>
> Luis Inácio Lula da Silva, ex-presidente da República, em pronunciamento durante as comemorações do Dia Nacional da Consciência Negra, Serra da Barriga, Alagoas, 2003.
> Disponível em: <www.palmares.gov.br/>. Acesso em: nov. 2008.

Com o fim da escravidão, muitos negros passaram a sobreviver de trabalho informal. Na foto de Marc Ferrez, 1899, um vendedor de cestos, no Rio de Janeiro.

Houve muita discussão sobre quem iria substituir os escravos nas lavouras. Muitos alegavam que o trabalhador livre nacional era vadio. O que ocorria, na realidade, os homens livres não aceitavam trabalhar nas mesmas condições dos escravos, como frequentemente ocorria. Surgiu, então, a proposta de promover a imigração.

Com a vinda dos imigrantes, a mão de obra do trabalhador livre nacional e do liberto passou a ser utilizada nas tarefas mais árduas e de menor remuneração, como na derrubada de matas, que implicava risco de vida.

Mas é importante frisar que o negro foi marginalizado no mercado de trabalho livre. O governo e as camadas dominantes, em vez de criarem uma política de trabalho para o ex-escravo, preferiram estimular e **subsidiar** a imigração branca europeia.

A imigração

Durante o governo de D. João VI, em 1819, os primeiros imigrantes, de várias nacionalidades, chegaram ao Brasil. Entre eles, havia os suíço-alemães, que fundaram uma colônia, núcleo originário da cidade de Nova Friburgo, no atual estado do Rio de Janeiro. Durante o Primeiro Reinado, vieram os imigrantes alemães, que se fixaram no Rio Grande do Sul em locais onde surgiram várias cidades: São Leopoldo, Novo Hamburgo, Estrela.

Mas foi no Segundo Reinado que a imigração recebeu um grande impulso. Com a expansão da lavoura cafeeira, aumentou a necessidade de mão de obra. Além disso, em 1850, com a assinatura da Lei Eusébio de Queirós, proibindo o tráfico para o Brasil, o preço do escravo negro tornou-se muito alto. A alternativa para solucionar a falta de mão de obra foi incentivar a vinda de imigrantes europeus.

> Assim, a proposta de estimular a imigração de trabalhadores começa a parecer uma boa alternativa para os fazendeiros de café. Vem se juntar a este interesse o fato de, na Europa, devido ao avanço do capitalismo no campo e a mecanização da lavoura, haver se criado uma superpopulação de desocupados, camponeses desempregados e em situação de miserabilidade. A absorção desse excedente de trabalhadores pelo mercado europeu era inviável. A solução para países como Alemanha, Suíça, Áustria e Portugal foi de certa maneira facilitada pelos interesses que havia na América, pela imigração.
>
> MARIM, Marilu Favarin. *Trabalho escravo, trabalho livre*. São Paulo: FTD, 1998. p. 33. Coleção Para conhecer melhor.

As primeiras tentativas de estimular a imigração estão ligadas ao nome do senador Nicolau de Campos Vergueiro, proprietário de uma fazenda em São Paulo. O sistema adotado por Vergueiro consistia na **parceria**. Nesse sistema, o proprietário da terra faria adiantamentos aos imigrantes para o seu transporte e sustento, a serem pagos num certo prazo.

> Os colonos eram contratados na Europa e encaminhados para as fazendas de café. Tinham suas viagens pagas, bem como o transporte até as fazendas. Essas despesas, assim como o necessário para a manutenção, entravam como adiantamento até que pudessem sustentar-se pelo próprio trabalho. Atribuía-se a cada família uma porção de cafeeiros na proporção de sua capacidade de cultivar, colher e beneficiar. Era-lhes facultado o plantio de víveres necessários ao próprio sustento, entre as filas de café, enquanto as plantas eram novas. Quando isso não era possível, podiam plantar em locais indicados pelos fazendeiros.
>
> Emília Viotti da Costa. Citada por MELLO, João M. C. de. *O capitalismo tardio*. São Paulo: Brasiliense, 1998. p. 84.

O sistema de parceria não deu resultado, pois os imigrantes não conseguiam lucros nem mesmo com a parte que lhes era determinada e muito menos puderam adquirir alguma propriedade. Na Fazenda Ibicaba, uma das propriedades do senador Vergueiro, ocorreu uma revolta dos colonos, liderados por Thomas Davatz, líder religioso da comunidade de imigrantes. Esse incidente contribuiu para que o governo imperial começasse a repensar a questão da imigração em novos moldes.

A necessidade cada vez maior de mão de obra levou à implantação, a partir de 1870, da imigração **subvencionada**. O governo ficou com a responsabilidade do transporte e o fazendeiro deveria manter o trabalhador durante o prazo de um ano. O imigrante também receberia um pedaço de terra para cultivar produtos de primeira necessidade.

Observe, no quadro abaixo, os números da entrada de imigrantes no Brasil, na segunda metade do século XIX.

IMIGRAÇÃO PARA O BRASIL – 1850-1889			
Decênios	Imigrantes entrados no Brasil	Imigrantes entrados em São Paulo	% São Paulo sobre o Brasil
1850-1859	108 045	6 310	5,8
1860-1869	106 187	1 681	1,6
1870-1879	203 961	11 730	5,7
1880-1889	453 788	183 349	40,1

Fonte: Heitor F. Lima. Citado por MARTINS, Ana Luíza. *O império do café*. São Paulo: Atual, 1990. p. 72.

Entraram no Brasil imigrantes de várias nacionalidades, com destaque para os italianos e os alemães.

A maioria dos imigrantes italianos fixou-se em São Paulo, pois a lavoura cafeicultora era produzida em maior escala nessa região. A partir de 1875, os italianos também foram para a região do Rio Grande do Sul. Muitos imigrantes alemães se dirigiram para Santa Catarina, onde fundaram várias cidades, entre elas, Blumenau e Joinville.

O objetivo do governo brasileiro com a colonização do sul do Brasil era diversificar a economia e produzir alimentos para abastecer o mercado interno.

ATIVIDADES

1) Apresente algumas formas de reação dos escravos à escravidão.

_____
_____

2) Relacione o término da Guerra do Paraguai à participação de oficiais do Exército brasileiro na campanha abolicionista.

_____
_____
_____

3) O que estimulou a vinda dos imigrantes para o Brasil? Por quê?

_____
_____
_____
_____

4) Leia a tradução da letra de uma canção italiana do século XIX.

Itália bela, mostre-se gentil
e os filhos não a abandonarão,
senão vamos todos para o Brasil.
E não se lembrarão de retornar.
Aqui mesmo
Ter-se-ia no que trabalhar
Sem ser preciso para a América emigrar. [...]
Eu vou lá, onde existe a colheita do café.

Canção "Italia bella, mostrati gentile". Citada por ALVIM, Zuleika M. F. *Brava Gente!* Os italianos em São Paulo. São Paulo: Brasiliense, 1986.

De acordo com a letra da canção, como os italianos sentiam-se em relação à migração para o Brasil?

_____
_____
_____
_____
_____

Refletindo

5 Imagine que você fosse um abolicionista e que, portanto, defendesse a libertação dos escravos. Leia o boxe da página 66, "Lei do Ventre Livre". Reescreva o texto da lei, de forma que ele realmente promovesse a libertação. Leia seu texto para os colegas de classe.

_____
_____
_____
_____
_____

6 Procure, em jornais, revistas ou internet, textos sobre a existência do trabalho escravo, ainda hoje, em algumas regiões do Brasil. Retire dos textos informações sobre: as condições de trabalho e de vida; como se caracteriza o trabalho escravo. Depois, troque ideias com a classe sobre as informações obtidas e sugira soluções para o problema.

7 Observe esta charge do jornalista Ângelo Agostini, que viveu no século XIX e produziu muitos desenhos críticos para uma publicação chamada *Revista Illustrada*.

Revista Illustrada/Ângelo Agostini

O texto *Os bichos em defesa dos escravos*, que traz esta ilustração da década de 1880, diz: "Comovidos diante das desgraças dos pobres escravos, os bichos fazem uma representação à Sociedade Protetora dos Animais, pedindo que esta os considere, ao menos, como animais dignos da sua proteção".

Agora responda: qual teria sido a intenção do artista ao publicar esta charge?

_____
_____
_____
_____

8 Leia este trecho da letra do samba-enredo da escola de samba Rosas de Ouro (São Paulo-2006):

Em pleno navio negreiro... Ô Ô Ô
Negro põe-se a lamentar...
Crueldade e agonia
Testemunhadas pela Rainha do Mar

Aportou no meu Brasil a escravidão
Nos quilombos resistiu à exploração
Com a força do seu sangue construiu
Riqueza que ele não usufruiu.
Um sentimento de liberdade,

Mascarado na verdade, pela abolição.
E hoje o negro canta,
E que esse canto não seja em vão,
E a "sociedade" vem clamando o seu perdão!

Olhai por nós, oh meu senhor,
Ilumina a igualdade social
E a Nação Azul e Rosa,
Vai a luta orgulhosa
Contra o preconceito racial.

Disponível em: <www.vagalume.com.br/rosas-de-ouro/samba-enredo-2006.html>. Acesso em: jun. 2012.

Agora, com base nessa leitura, responda:

a) Qual a forma de resistência à escravidão presente nesta letra?
_____

b) Explique este verso: "Riqueza que ele não usufruiu".
_____
_____

c) Segundo a letra da música, a abolição foi importante, mas resolveu todo os problemas dos ex-escravos? Justifique.
_____
_____
_____

9 Leia o texto do discurso do ex-presidente Luiz Inácio Lula da Silva, em 2003, na página 67. Na opinião dele, como deve ser o relacionamento do Brasil com os países da África, na atualidade? Por que ele defende essa posição?
_____
_____
_____
_____

Trabalhando em grupo

10 Vamos pesquisar sobre os imigrantes que chegaram ao Brasil nesta fase: suíços, alemães, italianos, espanhóis, japoneses, sírios, libaneses e outros. Cada grupo ficará encarregado de um povo. Após a pesquisa, organizem cartazes e uma pequena exposição sobre a cultura do povo pesquisado e sua influência na cultura brasileira.

Capítulo 7
A CRISE DA MONARQUIA

O ideal republicano se fortalece

Segunda metade do século XIX. Graças aos recursos gerados pelo café, a economia brasileira se desenvolve. Surgem várias pequenas indústrias que produzem tecidos, velas, sabão, chapéus e óleos vegetais. O transporte melhora com a construção de ferrovias e a introdução do barco a vapor. Multiplicam-se os bancos.

Trecho da primeira estrada de ferro no Brasil, inaugurada no Rio de Janeiro em 1854, com 14,5 quilômetros de extensão. Unia a Baía da Guanabara ao sopé da Serra da Estrela, no caminho de Petrópolis. Foto do final do século XIX.

Acendedor de lampiões. Rio de Janeiro, final do século XIX.

Terreiro com café, em Araraquara, São Paulo, SP, c. 1900.

O imperador D. Pedro II é muito popular, principalmente junto às camadas mais baixas da população. Ele costuma assistir às solenidades e festas populares e receber pessoas do povo para ouvir suas queixas e pedidos.

Apesar disso, o ideal republicano renasce e se fortalece, contribuindo de forma decisiva para o declínio da monarquia.

Alguns setores da sociedade defendem a substituição da monarquia pela república, assegurando que, nesse regime, há maior representação política dos cidadãos, com direitos individuais. Para outros, o **federalismo** é que propicia maior autonomia provincial. Os republicanos afirmam que, enquanto a monarquia representa a estagnação, o passado, a república significa o avanço, o progresso.

O Oeste paulista é uma região nova de café, muito produtiva e que usa em menor escala a mão de obra escrava. Aí já vivem e trabalham, em troca de salário, grande número de imigrantes. Os cafeicultores do Oeste paulista estão descontentes com o governo de D. Pedro II. Sentem-se marginalizados do poder, porque a monarquia se sustenta com o apoio da aristocracia do Nordeste e dos cafeicultores do Vale do Paraíba. Querem uma significativa mudança política e, por isso, muitos deles estão aderindo ao movimento republicano.

Também grande parte da camada média urbana está sendo influenciada pelo pensamento republicano. Essa camada é formada por pequenos industriais, comerciantes, militares, religiosos e intelectuais. Querem maior participação na vida política do país. Como o voto é censitário, muitos não têm renda suficiente para votar ou serem votados.

Em 2 de dezembro de 1870, dia do aniversário do imperador, é lançado no Rio de Janeiro o primeiro número do jornal *A República*. Em suas páginas, havia o Manifesto Republicano, um longo documento contra a monarquia, com 58 assinaturas, dentre as quais as de Aristides Lobo, Quintino Bocaiúva, Lopes Trovão e Rangel Pestana.

Muitas pessoas começam a aderir ao movimento e, em todo o país, fundam-se inúmeros clubes republicanos. Em São Paulo, na cidade de Itu, é fundado o Partido Republicano Paulista em 1873, no encontro chamado de Convenção de Itu.

Apesar de tudo, D. Pedro II, apoiado por poderosas forças políticas, continua firme no poder. Porém, três questões vão abalar os pilares de sustentação da monarquia: o abolicionismo, o movimento religioso e os militares.

O artista J. Barros retratou a histórica Convenção de Itu, de 1873, na qual cafeicultores paulistas e outros opositores da monarquia fundaram o Partido Republicano Paulista.

É a voz de um partido que se alça hoje para falar ao país. [...] Como homens livres e essencialmente subordinados aos interesses de nossa pátria, não é nossa intenção convulsionar a sociedade em que vivemos. Nosso intuito é esclarecê-la. [...]

As armas da discussão, os instrumentos pacíficos da liberdade, a revolução moral, os amplos meios do direito, postos a serviço de uma convicção sincera, bastam, no nosso entender, para a vitória da nossa causa, que é a causa do progresso da nossa pátria. [...]

Fortalecidos, pois, pelo nosso direito e pela nossa consciência, apresentamo-nos perante os nossos concidadãos, arvorando resolutamente a bandeira do partido republicano federativo.

Somos a América e queremos ser americanos.

Manifesto Republicano. In: NEVES, Margarida de Souza; HEIZER, Alda. *A ordem é o progresso*. São Paulo: Atual, 1991.

ATIVIDADES

1) Na segunda metade do século XIX, o Brasil sofreu grandes mudanças.

a) Qual era o principal produto da nossa economia?

_____

b) Que mão de obra passou a ser utilizada nas grandes fazendas de café durante o processo de abolição da escravatura?

_____

c) Que mudanças econômicas o Brasil sofreu?

_____
_____
_____
_____

d) Que mudança política passou a ser defendida por vários setores da sociedade?

_____

2) Releia o texto do Manifesto Republicano, na página 73.

a) O que era proposto nesse manifesto?

_____
_____
_____

b) Você acha que as propostas contidas nele valem ainda hoje para o nosso país? Por quê?

_____
_____
_____
_____
_____

A Igreja contra o Estado

Como você estudou no capítulo anterior, com a abolição, a aristocracia escravista viu-se prejudicada, pois não recebeu indenização por seus escravos agora libertos. Passou, então, a apoiar o Partido Republicano e a se voltar contra o governo imperial.

Vamos conhecer agora outra questão que levou à proclamação da república.

Pela Constituição de 1824, o catolicismo foi considerado religião oficial no Brasil.

A Igreja católica ficou subordinada ao Estado e o imperador tinha sobre ela dois direitos:
- **beneplácito**: aprovar ou não as bulas e demais atos da Igreja;
- **padroado**: indicar nomes para os principais cargos eclesiásticos.

As relações entre o Estado brasileiro e a Igreja católica ficaram muito tensas quando, em 1864, o papa Pio IX, numa **bula**, condenou a participação de católicos na maçonaria. Usando o direito de beneplácito, D. Pedro II não aprovou o documento papal.

Com essa e outras ações similares que se seguiram, o Império perdeu uma de suas bases de sustentação: a Igreja católica. O movimento republicano ganhou o apoio do clero.

A Questão Militar – o Exército rompe com o governo

Outro motivo da proclamação da república foi a insatisfação de militares com o Império.

Foi a partir da Guerra do Paraguai que o Brasil passou a ter um Exército mais organizado. Novos oficiais foram recrutados entre as classes médias urbanas e grande parte de seu efetivo era formado por ex-escravos.

O contato dos militares com os países da região do Prata influenciou muitos de seus membros, que passaram a defender ideias abolicionistas e republicanas. Essa nova consciência política gerou uma série de atritos entre o Exército e o governo brasileiro, que deram origem à chamada **Questão Militar**.

Em 1883, ocorreu o primeiro atrito, envolvendo o tenente-coronel Sena Madureira. Ele criticou pela imprensa um projeto do governo que reformulava o **Montepio** Militar e tornava a contribuição obrigatória. O projeto acabou não sendo aprovado, mas Sena Madureira foi advertido pelo Ministério da Guerra, sob a alegação de que era proibido aos militares manifestar-se pela imprensa sem o seu consentimento.

No ano seguinte, Sena Madureira foi demitido do cargo de comandante da Escola de Tiro do Exército, por ter homenageado o jangadeiro abolicionista cearense Francisco do Nascimento. Transferido para o Rio Grande do Sul, foi recebido calorosamente pelos republicanos rio-grandenses.

Outro incidente sério ocorreu quando o coronel Cunha Matos foi preso por ter se defendido pela imprensa de acusações que lhe foram feitas por um deputado.

No Rio Grande do Sul, vários oficiais protestaram contra as punições de militares. O marechal Deodoro da Fonseca, que na época era o comandante das Armas nessa província, manifestou-se a favor dos militares punidos e, por isso, foi destituído do cargo.

Benjamin Constant, óleo de Décio Villares do século XIX.

Deodoro voltou para o Rio de Janeiro, onde foi recebido com festividades pelos colegas e pelos alunos da Escola Militar. O prestígio que alcançou possibilitou-lhe fundar, em 1887, o Clube Militar, do qual foi o primeiro presidente. O movimento militar se expandiu e, no início de 1889, já havia mais de 250 clubes no Brasil.

Contribuiu também para a expansão dos ideais republicanos nos meios militares a atuação de Benjamin Constant, professor da Escola Militar, que divulgou entre seus alunos as ideias positivistas, do filósofo francês Auguste Comte. Entre elas, ganhou força a que defendia a república com Poder Executivo forte.

A república é proclamada

Para conter o movimento republicano e salvar a monarquia, em 1889, D. Pedro II escolheu o visconde de Ouro Preto, político do Partido Liberal, para o cargo de presidente do Conselho de Ministros. Ele formulou um programa que se aproximava muito dos interesses republicanos: autonomia para as províncias e municípios, limite ao mandato dos senadores e liberdade de culto. Esse programa foi amplamente combatido pelos conservadores no Parlamento.

Foi divulgada a notícia de que o ministério pretendia reorganizar a Guarda Nacional. Houve imediatamente uma reação dos republicanos Quintino Bocaiúva, Sólon Ribeiro, Aristides Lobo e Rui Barbosa. Eles entraram em contato com o marechal Deodoro, que aceitou chefiar o movimento. No entanto, Deodoro era mais favorável à troca do ministério do que a derrubar a monarquia.

O pintor Benedito Calixto representou o 15 de novembro de 1889 neste quadro chamado *Proclamação da República*, de 1893.

Nessa ocasião, Sólon Ribeiro soltou um boato de que o governo iria prender Deodoro e Benjamin Constant. Esse boato provocou a antecipação da proclamação da república, que havia sido programada para o dia 20 de novembro de 1889.

Na manhã do dia 15 de novembro, o marechal Deodoro e suas tropas marcharam para o Campo de Santana (atual Praça da República, no Rio de Janeiro). O ministro Ouro Preto e seu gabinete estavam reunidos no Ministério da Guerra, quando as tropas cercaram o edifício. O ministro foi preso. A república foi proclamada.

Na tarde do dia 15, a Câmara dos Deputados, no Rio de Janeiro, presidida por José do Patrocínio e com o apoio do Exército, declarou extinta a monarquia no Brasil e mandou lavrar a ata da proclamação. Começava a república. No dia seguinte, a família real recebeu uma mensagem que a intimava a deixar o Brasil.

ATIVIDADES

1. Há uma importante relação entre a abolição dos escravos e a queda da monarquia. Qual é essa relação?

   _____
   _____

2. Vimos que vários fazendeiros de café do Oeste paulista apoiavam a república, pois defendiam o federalismo para o Brasil. Após verificar o significado da palavra federalismo no glossário, procure explicar os motivos desse interesse.

   _____
   _____

3. Elabore uma frase historicamente correta com o seguinte grupo de palavras:
   monarquia – Questão Militar – Questão Religiosa – Questão Abolicionista – falta de apoio

   _____
   _____

Refletindo

4. O primeiro atrito que levou à Questão Militar foi provocado por um artigo de um militar, que usou a imprensa para se manifestar. Procure em jornais ou revistas, ou assista ao noticiário na televisão, e converse com os colegas de classe sobre:

   a) Atualmente, os meios de comunicação também são usados pelos diferentes grupos sociais que compõem a sociedade brasileira para expressar suas manifestações?

   b) Que tipos de reivindicações são veiculados por esses meios de comunicação?

   c) Você acha que essa deve ser uma função dos meios de comunicação? Por quê?

5. Imagine que você quisesse se manifestar contra algum acontecimento que está ocorrendo atualmente no país e, para isso, tivesse de escrever um texto a ser publicado no jornal contendo o seu manifesto. Pense e escreva o texto. Depois, leia-o para o resto da classe.

6. Agora, ponha-se no lugar de um jornalista e escreva a notícia da Proclamação da República.

Pesquisando

7. Pesquise sobre um país que adote o regime monárquico atualmente e como funciona. Escreva um pequeno texto sobre o assunto.

Trabalhando em grupo

8. Leia o texto a seguir. Troque ideias com o seu grupo e elaborem um comentário por escrito, com a conclusão a que chegaram.

   Uma monarquia que se apoiava na manutenção da mão de obra escrava, no catolicismo como religião oficial e na centralização do poder com participação de poucos era incompatível com o Brasil que se anunciava: de população livre, defensor da liberdade de pensamento e em busca da descentralização e da mais ampla participação.

   MARTINS, Ana Luiza. *República*: um outro olhar. São Paulo: Contexto, 1996. p. 59. Coleção Repensando a História.

Capítulo 8

A República da Espada

Brasil da República

Última década do século XIX. As ciências e a tecnologia avançaram muito. São tantas as inovações: a lâmpada elétrica, o automóvel, o telégrafo, o telefone, o fonógrafo, o cinema. O mundo espera ansioso a entrada do século XX. Que novidades trará? Será um século de progresso? Haverá paz no mundo? São perguntas que todos se fazem.

Thomas A. Edison, inventor da lâmpada elétrica, por volta de 1919.

Alexander Graham Bell (1847-1922), inventor do telefone, inaugurando a linha de Nova York a Chicago, em 1892.

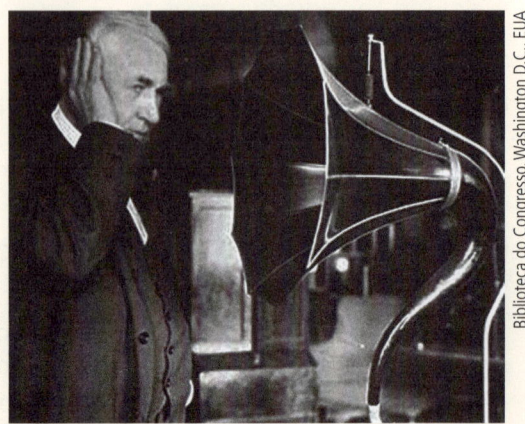

Thomas Edison e fonógrafo, em 1854.

E como era o Brasil nesse período?

Em 1889 o Brasil se diferenciava muito do que é hoje: não possuíamos a Cinelândia nem arranha-céus; os bondes eram puxados por burros e ninguém rodava de automóvel; o rádio não anunciava o encontro do Flamengo com o Vasco, porque nos faltava rádio, Vasco e Flamengo. [...]

Mas as estradas de ferro eram curtas, e quase se desconheciam estradas de rodagem, porque havia carência de rodas. Nos sítios percorridos atualmente pelo caminhão, deslocava-se o carro de boi, pesado e vagaroso.

Pouco luxo nas capitais, necessidades reduzidas no campo. As cidadezinhas do interior, mediocremente povoadas, ignoravam a iluminação elétrica e o bar.

Graciliano Ramos, Pequena história da república. In: *Alexandre e outros heróis*. Citado por NEVES, Margarida de Souza; HEIZER, Alda. *A ordem é o progresso*. São Paulo: Atual, 1991.

Nem todas as inovações haviam chegado ao país, mas já existia lâmpada elétrica, telégrafo, telefone. Os mais ricos deliciam-se ouvindo músicas nos fonógrafos, e os cinematógrafos estavam abrindo suas primeiras salas. O automóvel só chegaria no começo do século XX.

A população brasileira era de pouco mais de 15 milhões de habitantes, mas aumentaria muito, pois, além do crescimento interno, continuavam chegando imigrantes, principalmente italianos.

Muita gente ainda morria cedo, pois não havia grande variedade de remédios, principalmente antibióticos.

O Rio de Janeiro, a capital do Brasil, era a maior cidade do país, com mais de 520 mil habitantes; em Salvador a população não chegava a 200 mil; em Recife, era de um pouco mais de 110 mil; e em Porto Alegre, era de cerca de 55 mil. A cidade de São Paulo estava crescendo muito. Começou a última década do século XIX com 64 mil habitantes e terminou com mais de 200 mil. O fator responsável por esse crescimento acelerado foi a expansão do café no Oeste paulista.

Os imigrantes, pintura em óleo sobre tela de Antônio Rocco, de 1910.

Candido Portinari, considerado um dos maiores artistas brasileiros, pintou este quadro, chamado *O café*, em 1935, mostrando o árduo trabalho da colheita nas fazendas.

Na economia, pouca coisa mudou. O Brasil continuava sendo um país agrárioexportador e o café era o principal produto. A borracha também estava sendo bastante explorada. Surgiram algumas novas indústrias, mas nada que se comparasse às da Europa.

Escravos de uma fazenda de café no vale do Paraíba. Foto de Marc Ferrez, c. 1885. Libertos em 1888, suas vidas pouco mudariam.

Não havia mais escravidão. Pela lei, todos eram livres, mas, na prática, não era bem assim. Muitos dos ex-escravos não saíram das fazendas ou das casas onde trabalhavam. Sua vida pouco mudou. A lei deu a liberdade, mas não se preocupou com a maneira como iriam viver. No campo, não tinham terras nem condições de plantar. Nas cidades, eram obrigados a trabalhar em serviços mal remunerados e a morar em casebres.

A república já tinha sido proclamada. As províncias passaram a se chamar estados e ganharam maior autonomia. Agora, quem governava era o presidente da República, assessorado pelos ministros. O Senado não era mais vitalício e a Constituição garantia o voto universal.

Universal? Havia algumas restrições. Só podiam votar os homens, alfabetizados e com mais de 21 anos de idade. Estavam excluídos do direito de votar e de serem votados: os menores de idade, os analfabetos, as mulheres, os monges, os soldados, os cabos e os sargentos. Sabe o que isso significa? Praticamente 95% da população não tinha participação política. É, muitas coisas mudaram, mas nem tudo...

Foto de Augusto Malta registra um cortiço da Rua do Senado, na cidade do Rio de Janeiro, RJ, em 1906.

ATIVIDADES

1 Releia o texto de Graciliano Ramos, na página 79, no qual ele conta como era o Brasil em 1889. Reunidos em pequenos grupos, façam uma pesquisa sobre como era a sua cidade no final do século XIX. Qual a população? Em que as pessoas trabalhavam? Mais em atividades rurais ou mais na cidade? Se possível, pesquisem imagens de locais de sua cidade nessa época e comparem com a atualidade. Escreva um texto sobre o que permaneceu e o que mudou com o tempo. Comparem o texto de vocês com os dos outros grupos da classe.

2 Observe a imagem *Os imigrantes*, de Antônio Rocco, na página 79. Descreva-a e relacione essa representação com o crescimento da população brasileira no final do século XIX.

_____

_____

_____

3 Procure saber a quem é garantido o direito de votar, no Brasil, pela Constituição atual.

_____

_____

_____

4 Conheça a letra desta música, samba-enredo de 1988 da Escola de Samba Mangueira.

Será...
Que já raiou a liberdade
Ou se foi tudo ilusão?
Será...
Que a Lei Áurea tão sonhada
Há tanto tempo assinada
Não foi o fim da escravidão?
Hoje dentro da realidade
Onde está a liberdade
Onde está que ninguém viu?

Moço
Não se esqueça
Que o negro também construiu
As riquezas do nosso Brasil

Pergunte ao criador
Quem pintou esta aquarela
Livre do açoite da senzala
Preso na miséria da favela
[...]

Hélio Turco, Jurandir, Alvinho. *100 anos de liberdade, realidade ou ilusão?* (samba-enredo). G.R.E.S. Estação Primeira de Mangueira, 1988.

Mais de 20 anos depois desta música, sua denúncia continua válida? Qual o significado dos dois últimos versos?

_____

_____

_____

O governo provisório do marechal Deodoro

Na noite de 15 de novembro de 1889, foi formado o governo provisório da república. O marechal Deodoro da Fonseca assumiu a Presidência, organizou um ministério e tomou as seguintes medidas:
- banimento da família real;
- transformação das províncias em estados;
- separação entre Igreja e Estado;
- instituição do casamento civil e do registro de nascimento;
- naturalização de estrangeiros;
- adoção de uma bandeira republicana;
- convocação da Assembleia Constituinte para elaborar uma nova Constituição para o país.

Denomina-se República da Espada o período compreendido entre 1889 e 1894, devido ao fato de o Brasil, nessa época, ter sido governado por dois militares: Deodoro da Fonseca e Floriano Peixoto.

No dia seguinte, D. Pedro II e sua família partiram para a Europa, deixando a seguinte mensagem:

> À vista da representação escrita que me foi entregue hoje, às 3 horas da tarde, resolvo, cedendo ao império das circunstâncias, partir, com toda a minha família, para a Europa, deixando esta Pátria, de nós tão estremecida, à qual me esforcei para dar constantes testemunhos de **entranhado** amor e dedicação, durante quase meio século em que desempenhei o cargo de chefe de Estado. Ausentando-me pois, com todas as pessoas da minha família, conservarei do Brasil a mais saudosa lembrança, fazendo os mais ardentes votos por sua grandeza e prosperidade.
>
> Rio de Janeiro, 16 de novembro de 1889.
>
> D. Pedro de Alcântara"

A Crise do Encilhamento

A política econômica e financeira do governo provisório foi dirigida pelo ministro da Fazenda, Rui Barbosa, cujo objetivo era restabelecer a economia brasileira e promover o desenvolvimento da agricultura e da indústria. Para aumentar o crédito, permitiu que vários bancos emitissem moeda sem **lastro**. Esse dinheiro seria dado, sob a forma de empréstimos bancários, a indivíduos que quisessem iniciar uma empresa.

Os empréstimos, entretanto, não foram aplicados em atividades produtivas. Surgiu grande número de empresas **fictícias**, que existiam somente no papel; ou empresas que utilizavam apenas uma parte do capital que haviam tomado emprestado.

Houve uma grande euforia, e parecia que a república se iniciava com grande desenvolvimento econômico. Na Bolsa de Valores, as ações das novas "empresas" eram cotadas em valores altos, completamente irreais. Quando a verdade veio à tona, a crise tomou vulto, a inflação cresceu, elevou-se o custo de vida e a economia brasileira entrou em colapso. Essa crise ficou conhecida como **Crise do Encilhamento**, porque nasceu de um jogo de dinheiro que lembrava o jogo de corrida de cavalos (encilhar significa arrear, preparar o cavalo para a corrida e, no hipódromo, o lugar do encilhamento era também o local onde se faziam as apostas).

A primeira Constituição da República

O marechal Deodoro convocou uma Assembleia Constituinte para elaborar a primeira Constituição republicana. Essa Constituição, inspirada na dos Estados Unidos, foi promulgada em 24 de fevereiro de 1891 e estabeleceu:

- a República Federativa presidencialista;
- a divisão em três poderes: Executivo, Legislativo e Judiciário. O Executivo era ocupado pelo presidente da República, eleito por quatro anos; o Legislativo era constituído pela Câmara dos Deputados e Senado Federal que, juntos, formavam o Congresso Nacional; o Judiciário era formado por juízes de direito e desembargadores, tendo como órgão máximo o Supremo Tribunal Federal;
- o direito de voto aos homens maiores de 21 anos. As mulheres, os analfabetos, os religiosos de ordem monástica e os praças do Exército não tinham o direito de voto;
- a separação entre Igreja e Estado.

Assinatura do projeto da Constituição, de Gustave Hastoy, obra de 1891. O presidente Deodoro da Fonseca é representado no centro.

O primeiro presidente eleito: Deodoro da Fonseca

De acordo com o que estava expresso na Constituição, o primeiro presidente da República foi eleito pelo Congresso Nacional. Venceram essas eleições Deodoro da Fonseca, para presidente, e Floriano Peixoto, para vice-presidente.

Como não representava a classe que detinha o poder, a aristocracia do café, Deodoro teve de enfrentar violenta oposição e críticas a seus projetos. No dia 3 de novembro de 1891, dissolveu o Congresso e estabeleceu o **estado de sítio**. Porém, civis e militares de estados política e economicamente fortes reagiram ao golpe. O presidente, temendo uma guerra civil, renunciou no dia 23 de novembro de 1891. Assumiu, então, o poder o vice Floriano Peixoto, que recebeu o país em grave crise financeira e política.

Floriano Peixoto governa

Ao assumir, Floriano reabriu o Congresso e suspendeu o estado de sítio. Além disso, substituiu os governos dos estados adeptos de Deodoro por pessoas de sua escolha.

O mandato do marechal Floriano foi marcado por sucessivas infrações às leis e à Constituição. O presidente possuía uma base política bem mais forte que Deodoro. Era apoiado pela bancada paulista no Congresso, bastante numerosa, e pelo povo do Rio de Janeiro, que havia sido beneficiado com o tabelamento dos aluguéis e da carne.

Seu mandato foi marcado por dois movimentos sociais: a Revolta da Armada e a Revolução Federalista.

A Revolta da Armada

A Revolta da Armada explodiu no Rio de Janeiro, em 1893. Foi chefiada pelo ministro da Marinha, Custódio de Melo, que exigia a imediata reconstitucionalização do país. Os revoltosos tomaram vários navios ancorados no Rio de Janeiro.

Floriano Peixoto adquiriu vários navios da Inglaterra e dos Estados Unidos e conseguiu sufocar o movimento em 1894.

A Revolução Federalista

Em 1893, estourou no Rio Grande do Sul a Revolução Federalista, que durou até 1895. Resultou do confronto de duas facções: de um lado, os **castilhistas**, adeptos do presidente da província, Júlio de Castilhos; de outro, os **federalistas**.

Os castilhistas conseguiram a aprovação de uma Constituição estadual, na qual o presidente do estado concentraria os poderes e teria um mandato de cinco anos.

Os federalistas eram favoráveis à predominância do poder central sobre o poder estadual e eram contrários à descentralização administrativa.

Para vencer os federalistas – chamados maragatos –, Castilhos contou com o apoio da Brigada Militar. A disputa entre os dois grupos se prolongou por 30 meses e resultou em 10 mil mortos. Esse movimento, também conhecido como Revolução de Degola, é considerado uma das mais cruéis guerras civis brasileiras.

Em 1895, os federalistas depuseram as armas, aceitando a anistia decretada pelo então presidente da República, Prudente de Morais.

No final do mandato de Floriano, o Partido Republicano Paulista decidiu lançar como candidato à Presidência da República o paulista Prudente de Morais, representante dos cafeicultores. Sua eleição pôs fim à República da Espada e deu início a uma nova fase da história da República no Brasil, a República Oligárquica, também conhecida como República dos Coronéis.

ATIVIDADES

1) Responda às perguntas sobre a Crise do Encilhamento.

a) Quem foi o ministro da Fazenda do governo provisório do marechal Deodoro?

_____

b) Qual era o objetivo desse ministro da Fazenda?

_____

_____

c) Quais foram os motivos que provocaram essa crise?

___

___

___

2 Compare os itens da Constituição de 1891 que aparecem na página 83 aos itens correspondentes da Constituição anterior, da monarquia. Aponte o que permaneceu e o que mudou de uma Constituição para outra.

___

___

___

Refletindo

3 Deodoro renunciou porque não representava a classe que detinha o poder e sofreu muitas pressões.

a) Qual era a classe social detentora do poder na época?

___

b) Como essa classe expressava a sua oposição a Deodoro?

___

c) E hoje, você acha que há alguma classe social detentora do poder? Se houver, qual é? Como reage quando seus interesses não são atendidos?

___

___

___

4 A Constituição de 1891 estabeleceu o direito de *habeas corpus*. Procure saber o que isso significa.

___

___

5 Procure saber se em outros momentos da nossa história foi decretado o estado de sítio e dê a sua opinião sobre esse ato do governo.

___

___

___

Capítulo 9
A República Oligárquica

O poder dos coronéis

Os coronéis de que trataremos aqui não eram militares, não faziam parte do Exército brasileiro. Para entender melhor, vamos voltar um pouco no tempo.

No período regencial, o ministro da Justiça, padre Feijó, criou a Guarda Nacional, cuja patente mais alta era a de coronel. Essa patente era concedida pelo governo ou dele comprada pelos grandes fazendeiros e ricos comerciantes.

Uniformes militares, litografia colorida de Jean-Baptiste Debret, 1825.

Nos primeiros anos da República brasileira, a Guarda Nacional foi extinta, mas o título de coronel continuou a ser usado por proprietários rurais. Uma das características da primeira fase da república brasileira, também conhecida como República Velha, foi o coronelismo. No cenário político e econômico dos municípios, dominavam os coronéis.

Eles disputavam violentamente o poder, e saía vitorioso o coronel que tivesse mais jagunços e mais armas.

O coronel era temido e obedecido pela sua grande família e por boa parte da população local. Era o protetor de todos, batizava crianças, dava conselhos, organizava as festas e atuava como juiz, resolvendo, informalmente, questões legais.

Prestava uma série de favores: concedia terras, libertava pessoas das prisões, ajudava os doentes, arranjava empregos públicos, emprestava dinheiro, dava abrigo.

Mas tudo isso tinha um preço, e muito alto. O coronel exigia de todos os seus "protegidos" obediência, fidelidade, permanência em suas terras, participação nos grupos armados etc. Ninguém ousava contrariá-lo.

Nas eleições, o coronel controlava os eleitores, que eram obrigados a votar nos candidatos indicados por ele. Esse tipo de voto é conhecido como "voto de cabresto". Seu poder era maior ou menor de acordo com tamanho do seu "curral eleitoral", ou seja, do número de eleitores que conseguia controlar.

A charge do desenhista Storni, *As próximas eleições... "de cabresto"*, publicada na revista *Careta* em 1927, critica a forma como ocorriam as eleições na República Velha. No original, a legenda dizia: "Ela: – É o Zé Besta? Ele: – Não, é o Zé Burro".

> Todo mundo pensa que o sujeito vai para o "curral eleitoral" à força. Não, ele vai porque quer. Vou explicar-lhes o que é "curral eleitoral". Em algumas cidades do interior, o acúmulo de pessoas é gigantesco em época de eleições. Para essas cidades não vem apenas o eleitor. Ele traz sua mulher e filhos. De repente, essas cidades recebem uma grande multidão. Então, o que faz o coronel? Ele contrata um local – que é o que se chama de "curral" – para alojar e alimentar essa gente, que vem de fora e cuja maioria nada tem a ver com a eleição. [...] É claro que em consequência disso fica mais fácil o trabalho do chefe político. Ele penetra no chamado "curral", conversa e verifica quais os elementos que ali se encontram e que são eleitores, o que torna mais fácil seus movimentos.
>
> José Bonifácio Lafayette e Andrada. Coronel é quem comanda a política nacional. In: MOTA, Lourenço Dantas. *A história vivida*. Citado por NEVES, Margarida de Souza; HEIZER, Alda. *A ordem é o progresso*. São Paulo: Atual, 1991.

Como o voto era aberto, os cabos eleitorais do coronel fiscalizavam o voto dos eleitores, sendo punidos aqueles que não votassem no candidato do chefe.

Além disso, lançava-se mão de várias fraudes: falsificação de assinaturas, uso de títulos de pessoas já falecidas, invenção de nomes de eleitores, alteração na contagem de votos, roubos de urnas, substituição das atas por outras que mudavam o resultado da eleição.

Como os analfabetos não podiam votar, ensinavam-lhes apenas a assinatura do nome. Com isso, eles tiravam o título de eleitor e aumentavam o número de votos do candidato do coronel.

As rivalidades entre os coronéis locais e a luta pelo controle dos eleitores geravam muita violência e morte.

Leia o que conta Ricardo de Ataíde em *Recordações de um eleitor que nunca votou*.

> Certo dia de eleição [...], cobriu-se de luto uma família de muitos filhos que ficara na mais negra miséria. O pai fora assassinado depois de uma discussão acalorada em defesa do chefão político. Tombou o pobre homem, que fora arrastado como um autômato para votar, ou por outra, servir o coronelão, homem dono de engenho e senhor de grande prestígio. Queria agradar unicamente. Não tinha outro objetivo senão esse. Mal sabia assinar o nome [...]. Para ele, aquele dia era dia de festas, uma semana antes recebera um par de botinas, uma camisa de chita e um chapéu de palha desabado. De madrugada saíra de casa. Viajara duas léguas e agora ia dar livremente o seu voto ao coronel X. [...] Nesse dia a cidade se transformava como milagrosamente. Tomava tonalidade nova e pitoresca. [...] Os grã-finos riam à **socapa** daqueles cidadãos que, de longe, vinham fingir de eleitores. Brincar de votar...
>
> Cultura Política, ano 1, n. 5. Citado por NEVES, Margarida de Souza; HEIZER, Alda. *A ordem é o progresso*. São Paulo: Atual, 1991.

ATIVIDADES

1 Com base no texto de Ricardo de Ataíde, responda:

a) Quem eram os coronéis na República Oligárquica?

_____

b) A que camada social eles pertenciam?

_____

c) Quem eram os seus "protegidos"?

_____

d) Qual era o preço de receber a proteção do coronel?

_____

e) De que modo ele influenciava a política?

_____

_____

_____

2 A classe poderá fazer uma dramatização.
Um de vocês faz o papel de coronel, e o outro, o de protegido do coronel. Criem o diálogo entre as personagens, de forma a evidenciar o domínio do coronel e como era exercido, a submissão do seu protegido e a forma como ela se manifestava.

3 Troque ideias com os seus colegas sobre:

a) O "voto de cabresto".

b) As fraudes nas eleições.

c) Vocês acham que essas atitudes combinam com a democracia? Por quê?

4 Observe a charge da página 87. Qual é a crítica que o desenhista faz?

_____

_____

_____

_____

Prudente de Morais, o pacificador

O período da História brasileira que vai de 1889 até 1930 é conhecido como República Velha e costuma-se dividi-lo em duas fases. A primeira, denominada **República da Espada**, começou com Deodoro e encerrou-se com o fim do mandato de Floriano. A partir do governo do primeiro presidente civil, Prudente de Morais, teve início a **República Oligárquica**. A vida política do Brasil foi dominada pelos grandes proprietários rurais, entre os quais se destacaram os cafeicultores.

Prudente de Morais enfrentou, em seu governo, crises econômicas, políticas e sociais. Conseguiu pacificar algumas agitações internas, fato que lhe valeu o título de "O Pacificador". Em 1898, com o término do seu mandato, foi eleito outro paulista para ocupar a Presidência da República: Manuel Ferraz de Campos Sales.

Campos Sales e a política dos governadores

Eleito para o mandato de 1898 a 1902, Campos Sales tentou renegociar a dívida externa brasileira, que era bastante alta. Foi à Europa procurar vários banqueiros. Conseguiu uma **moratória** e um novo empréstimo com um prazo de pagamento de 63 anos.

Campos Sales também se comprometeu a cumprir um rigoroso programa para restabelecer as finanças do Brasil, adotando várias medidas econômicas, entre elas: o aumento das taxas de importação; a criação de novos impostos; a contenção dos salários e das despesas públicas.

Para obter o apoio do Congresso Nacional para seu programa econômico, Campos Sales propôs um acordo político entre o governo federal e as oligarquias regionais, conhecido como **política dos governadores**.

Foi criado um órgão chamado Comissão de Verificação, sob o controle do presidente, que dava a posse ou não aos deputados e senadores eleitos. Todos os que venciam as eleições, mas eram da oposição das oligarquias estaduais, sofriam a "degola", isto é, não eram empossados. Em troca, os governos estaduais se comprometiam a apoiar o governo federal.

A política do café com leite

Durante a República Velha, São Paulo, onde se plantava o café, e Minas Gerais, local de criação de gado leiteiro, eram os estados mais ricos da nação e, dessa forma, eram locais em que se concentravam poderosas oligarquias. Além disso, por serem também os estados mais populosos, tinham o maior número de representantes no Congresso Nacional.

Sacas de café para exportação no porto de Santos. Foto de Marc Ferrez, de 1890.

Graças à Política dos Governadores, esses estados dominavam o Poder Legislativo e também controlavam as eleições presidenciais. Surgia, assim, a **política do café com leite**. Até 1930, a maioria dos presidentes da República eleitos foram indicados por São Paulo e Minas Gerais.

O governo de Rodrigues Alves e a política de valorização do café

Em 1902, foi eleito Rodrigues Alves, o terceiro paulista consecutivo a governar o Brasil. Como a situação financeira estava mais estabilizada, ele remodelou a cidade do Rio de Janeiro. O porto foi modernizado e novas construções tomaram conta da velha capital, como o Teatro Municipal, o Palácio Monroe e a Biblioteca Nacional.

Um dos graves problemas internos enfrentados por Rodrigues Alves foi a crise de superprodução do café, com a consequente queda do preço do produto. Os governos dos estados de São Paulo, Minas Gerais e Rio de Janeiro (principais estados produtores de café) reuniram-se, realizando, em 1906, o **Convênio de Taubaté**.

Nesse encontro, decidiu-se adotar uma política de valorização do café. Por ela, o governo federal se comprometia a comprar o excedente da produção, que seria estocado, à espera de melhores preços no mercado.

O governo tentou controlar a expansão da lavoura cafeeira, taxando novas plantações.

Rua da Carioca em obras, 1906, Rio de Janeiro, RJ.

Contudo, como o preço do café voltou a subir, os altos lucros estimularam os cafeicultores a continuarem investindo no café, aumentando ainda mais a produção.

Afonso Pena – um mineiro no poder

Em 1906, o mineiro Afonso Pena assumiu o governo do país. Foi o responsável pela execução da política de valorização do café. Porém, para comprar os estoques excedentes, o presidente se viu obrigado a fazer novos empréstimos no exterior.

Mandou construir estradas de ferro, melhorou as instalações de vários portos e incentivou a imigração estrangeira.

Afonso Pena morreu em 1909 e seu mandato foi completado pelo vice, Nilo Peçanha, que governou até 1910. Nesse período, Peçanha criou o Ministério da Agricultura e o Serviço de Proteção ao Índio, dirigido por Cândido Rondon.

A política do café com leite é quebrada

Para as eleições de 1910, São Paulo e Minas Gerais não concordaram com a indicação do mesmo candidato. Foi o primeiro abalo sofrido pela política do café com leite. Os mineiros, com o apoio de políticos do Rio Grande do Sul, davam preferência ao marechal Hermes da Fonseca. Os paulistas, associados aos baianos, lançaram a candidatura de Rui Barbosa e iniciaram a chamada Campanha Civilista, na qual um candidato civil se opunha a um militar.

Hermes da Fonseca venceu as eleições e assumiu a Presidência da República em 1910. Instituiu a denominada Política das Salvações, pela qual fazia constantes intervenções militares nos estados, principalmente do Norte e do Nordeste, com o objetivo de derrubar as oligarquias dominantes e substituí-las por outras que o apoiassem. Essa política provocou uma série de conflitos armados.

No Ceará, o governo federal derrubou do poder a família Acioli, aliada do padre Cícero Romão Batista, provocando a Revolta do Juazeiro. Os coronéis da região e o padre Cícero, considerado por muitos um santo, organizaram um exército de sertanejos e conseguiram vencer os federais.

Venceslau Brás e a Primeira Guerra Mundial

Em 1914, Venceslau Brás foi eleito para a Presidência da República, restabelecendo a política do café com leite. O período de seu governo foi marcado principalmente pela eclosão da Primeira Guerra Mundial, que teve significativa influência na economia brasileira. Nessa guerra, que durou de 1914 a 1918, as nações, em defesa de seus interesses, formaram dois blocos.

- A Inglaterra, a França e a Rússia constituíram a **Tríplice Entente** que, mais tarde, contou com a participação dos Estados Unidos.
- A Alemanha, o Império Austro-Húngaro e a Itália formaram a **Tríplice Aliança**. Porém, a Itália acabou aderindo à Entente.

Em 1917, o ataque a navios mercantes brasileiros (*Paraná, Lapa, Macau, Tijuca e Acari*) por submarinos alemães levou o Brasil a declarar guerra à Alemanha. Entretanto, a participação brasileira limitou-se a uma missão médica e ao policiamento do Atlântico pela Marinha.

As eleições de 1918 foram vencidas por Rodrigues Alves, que veio a falecer antes de tomar posse. O vice-presidente, Delfim Moreira, permaneceu no poder durante sete meses, porque a Constituição determinava que deveriam ser realizadas novas eleições. Elas foram vencidas por Epitácio Pessoa, com apoio da política do café com leite. Contudo, a República Oligárquica começou a enfrentar forte oposição, o que levou ao seu declínio.

A economia na República Velha

Durante o período da República Velha, a economia brasileira manteve as mesmas características dos períodos anteriores. Continuou sendo agrária, monocultora e dependente do mercado externo. O Brasil exportava café, borracha e alguns outros produtos, e importava produtos industrializados e gêneros alimentícios.

O café brasileiro continuava dominando o mercado mundial e os maiores consumidores eram os Estados Unidos e a Inglaterra.

No final do século XIX, a borracha passou a ser exportada. Ela era usada na fabricação de material bélico, naval e hospitalar. Com o desenvolvimento da indústria automobilística, aumentou o consumo desse produto na Europa e nos Estados Unidos.

As seringueiras, das quais se extrai o látex para produzir a borracha, eram encontradas na Região Amazônica. A extração atraiu muita gente, principalmente do Nordeste, devido à proximidade desse local à Região Amazônica e à miséria provocada pela seca na região nordestina.

A produção aumentou e, em 1910, o Brasil era o primeiro produtor de borracha do mundo. Essa posição foi perdida quatro anos depois para a Inglaterra. Os ingleses plantaram mudas de seringueira em suas colônias asiáticas e conseguiram vender o produto a preço mais baixo.

O principal responsável pela crise da borracha brasileira foi o processo de exploração primitivo. Não havia preocupação com a conservação da planta, as árvores estavam espalhadas pela floresta (o que dificultava o trabalho), o transporte do produto por via fluvial era lento, o seringueiro ganhava muito pouco e estava sempre devendo para o seringalista, que lhe fornecia os produtos alimentícios.

Nas colônias inglesas, as árvores foram plantadas próximas uma das outras. Por isso, conseguiu-se produzir mais e a preço mais baixo.

A rotina dos seringueiros

Chegando ao seringal, a primeira tarefa do seringueiro era construir seu tapiri, uma cabana rude, feita de madeira, cipó e folhagem, que lhe servia de moradia. A abertura da picada era a próxima atividade. Usando o facão e o machado, ele abria uma espécie de estrada que percorria toda a área onde havia seringueiras. Diariamente, bem cedo, por volta das 5 horas da manhã, ele se punha a caminho, sangrando as árvores e colocando tigelinhas para onde o látex escorria.

No final da tarde ele fazia todo o percurso de volta, despejando no latão o conteúdo das tigelinhas.

De volta ao tapiri, e depois da coagulação do látex, fazia a defumação do líquido, formando as bolas ou rolos de borracha. Sua jornada de mais de 14 horas chegava então ao fim.

FIGUEIREDO, Aldrim Moura de. *No tempo dos seringais*. São Paulo: Atual, 1997. p. 15. (A vida no tempo).

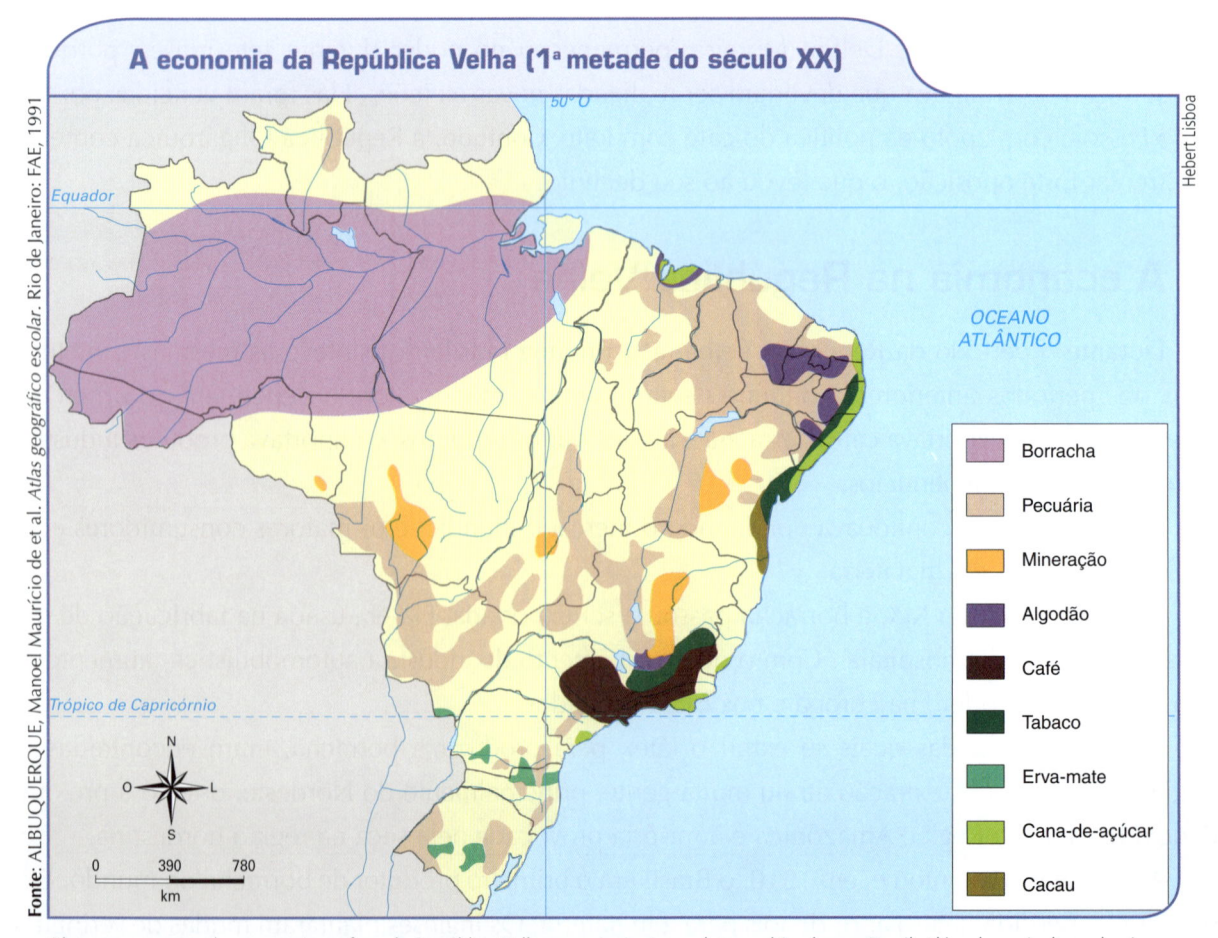

A economia da República Velha (1ª metade do século XX)

Fonte: ALBUQUERQUE, Manoel Maurício de et al. *Atlas geográfico escolar*. Rio de Janeiro: FAE, 1991

- Borracha
- Pecuária
- Mineração
- Algodão
- Café
- Tabaco
- Erva-mate
- Cana-de-açúcar
- Cacau

Observe, no mapa da economia na fase da República Velha, os principais produtos cultivados no Brasil. Além da agricultura, havia a exploração da borracha, a extração de minérios e a criação de gado em vários estados brasileiros.

Na indústria, a partir de 1910, São Paulo superou o Rio de Janeiro, tornando-se o principal centro industrial do Brasil. Contribuíram para a industrialização de São Paulo o capital acumulado com o café e a ampliação do mercado consumidor, em decorrência do aumento da população.

O desenvolvimento industrial da República Velha foi favorecido também pela eclosão da Primeira Guerra Mundial. Durante esse período, o Brasil não podia importar dos países envolvidos no conflito, o que incentivou o desenvolvimento da indústria de tecidos, de alimentos, de vestuário, de calçados, de vidros, entre outras.

Operárias da Tecelagem Mariangela, das Indústrias Reunidas F. Matarazzo. São Paulo, anos 1920.

O crescimento da produção industrial favoreceu o processo de urbanização da sociedade brasileira. As cidades ganharam importância, atraindo proprietários de terra, imigrantes e trabalhadores rurais. No entanto, a maior parte da população continuava vivendo no campo.

Nas cidades, a camada dominante era formada pela burguesia industrial e pelos banqueiros.

Os interesses dos industriais e dos proprietários de terras nem sempre eram os mesmos. Os industriais defendiam taxas alfandegárias altas para os produtos estrangeiros, para não fazerem concorrência com a produção industrial nacional. Os fazendeiros, ao contrário, desejavam que essas taxas fossem baixas, pois eram consumidores de produtos estrangeiros e não queriam que seus preços fossem altos.

ATIVIDADES

1. Explique o que foi:

   a) a política dos governadores;

   _____
   _____
   _____
   _____

   b) a política do café com leite.

   _____
   _____
   _____

93

2 Compare e elabore uma tabela sobre o cultivo do café com o extrativismo de látex para a produção de borracha, nos seguintes aspectos:

a) como era feito o cultivo e o extrativismo;

b) finalidade da produção;

c) mão de obra utilizada;

d) como eram as relações entre os trabalhadores e os grandes fazendeiros de café e seringalistas;

e) regiões onde se desenvolveram essas atividades;

f) motivos por que essas atividades entraram em crise.

3 Com o aumento do número de indústrias no Brasil, o país conheceu mudanças.

a) Que mudanças foram essas?

_____

_____

_____

b) Por que os interesses dos novos industriais não coincidiam com os dos proprietários de terras?

_____

_____

_____

Refletindo

4 Coloque-se no lugar de um seringueiro na época da República Oligárquica e conte:

a) por que você foi trabalhar nos seringais;

b) qual era a sua rotina de trabalho;

c) quais eram as suas condições de vida;

d) quais eram os seus sonhos;

e) o que aconteceu com você quando a produção da borracha entrou em crise.

Leia o seu texto para a classe e observe as semelhanças e as diferenças com os textos de seus colegas.

Pesquisando

5 Pesquise e escreva um texto sobre o padre Cícero e a Revolta do Juazeiro. Exponha-o no mural da classe. Se quiser, pode ilustrá-lo com figuras ou desenhos.

Trabalhando em grupo

6 Troque ideias com o seu grupo sobre as características da sociedade brasileira na época da República Oligárquica e atualmente. O que mudou? O que permaneceu?

Capítulo 10
As lutas populares na República Oligárquica

A vida dura do povo no campo e na cidade

Durante a República Oligárquica, ocorrem, tanto no campo como nas cidades, vários conflitos sociais. Eles são decorrentes da política econômica do governo brasileiro, que defende apenas a elite econômica, deixando o povo sem uma legislação que garanta seus direitos.

Caipira picando fumo, obra de 1893, de Almeida Júnior (1850-1899).

Vendedor ambulante de frutas, foto de Marc Ferrez, c.1895.

A economia do Brasil ainda é tipicamente agrária e a maior parte da população vive no campo. Apenas nas fazendas de café de São Paulo os camponeses têm situação um pouco melhor, mas nas demais regiões do país são explorados e subjugados pela aristocracia rural. Os camponeses trabalham para os grandes proprietários de terras, pelo sistema de parceria ou recebendo um baixo salário. Como são obrigados a adquirir o que necessitam na própria fazenda, sem opção de compra ou preço, estão sempre endividados.

Vivem em extrema miséria, passam fome e não têm a menor assistência nas áreas da saúde e educação. São subordinados à livre vontade do fazendeiro.

Quando um camponês se atreve a fazer reivindicação, é sumariamente despedido e não há nenhuma lei que lhe garanta qualquer direito ou benefício.

Desempregado e sem lugar para morar, corre as fazendas em busca de um novo trabalho ou de um pedacinho de terra para plantar. Tem esperança de que sua situação mude, de que um dia não seja mais explorado e oprimido pelo fazendeiro e seus jagunços.

Morte e vida Severina

Esta cova em que estás
Com palmos medida
É a conta menor
Que tiraste em vida
É de bom tamanho
Nem largo nem fundo
É a parte que te cabe
Deste latifúndio

Não é cova grande
É cova medida
É a terra que querias
Ver dividida
É uma cova grande
Para teu pouco defunto
Mas estarás mais **ancho**
Que estavas no mundo.
[...]

MELO NETO, João Cabral de. *Obra completa*. Rio de Janeiro: Nova Aguilar, 1994. p. 183-184.

Nas cidades, grandes ou pequenas, a situação da população pobre não é muito diferente da do camponês.

Trabalha muito, mais de 12 horas por dia, não tem férias nem descanso semanal remunerado, ganha pouco e vive mal. Não conta com uma legislação trabalhista que lhe garanta seus direitos. A situação das mulheres e das crianças no trabalho é ainda mais grave, pois recebem salários mais baixos do que o homem adulto.

O trabalhador urbano emprega sua mão de obra no comércio, nas fábricas ou em serviços gerais. Foto de 1902, carregadores no porto de Santos, SP.

Os trabalhadores moram na periferia das cidades, em cortiços ou favelas. Nesses locais, não há saneamento, água encanada, rede de esgoto, ruas calçadas ou coleta de lixo. Por isso, são frequentes as doenças e epidemias.

Alguns trabalhadores são alfabetizados, mas não se interessam em votar. Pensam que sua participação não mudará nada, pois não há políticos que os representem nos poderes da República Oligárquica. Por isso, toda insatisfação que sentem, vez por outra, explode em revolta.

Nas fábricas que surgiam, a mão de obra era principalmente de imigrantes europeus. Na foto de 1910, interior de uma fábrica de tecelagem em São Paulo, SP.

ATIVIDADES

1) Leia o primeiro parágrafo da abertura do capítulo, na página 95. Você poderia usá-lo para descrever uma situação atual? Por quê?

_____
_____
_____

2) Releia na introdução do capítulo o trecho sobre o trabalhador urbano no Brasil na época da República Oligárquica. Reescreva-o, mudando o que for necessário para que quem o leia entenda que trata dos trabalhadores urbanos no Brasil hoje.

_____
_____
_____
_____

3) Reúna-se com o seu grupo para vocês conversarem sobre o trecho da poesia "Morte e vida Severina", da página 96. Depois, escrevam um texto explicando o significado dos versos da poesia e leiam-no para a classe.

A Revolta de Canudos

Em 1896, estourou no interior da Bahia um conflito popular, a **Guerra de Canudos**, nome do vilarejo onde milhares de sertanejos pobres viviam, sob a liderança de Antônio Conselheiro.

Antônio Vicente Mendes Maciel, apelidado Antônio Conselheiro, era um **místico** peregrino que dava conselhos e fazia promessas de uma vida melhor. Sua pregação atraiu muitas pessoas que viviam na miséria e eram exploradas pelos coronéis.

Em 1893, Conselheiro e seus seguidores, já em grande número, fixaram-se numa velha fazenda às margens do Rio Vaza-Barris, dando origem ao Arraial de Canudos, que chegou a ter 25 mil habitantes.

Arraial de Canudos visto pela estrada do Rosário. Desenho de Urpia, c. 1895.

Veja a localização de Canudos no interior da Bahia e leia com atenção o texto:

[...] Repentinamente Antônio Conselheiro, olhando para as montanhas à volta, bateu seu bastão no chão e bradou: "É aqui!" Imediatamente seus seguidores, esquecendo-se do cansaço, passaram a entoar cantigas festivas, e alguns começaram a construção de moradias. Depois de longa caminhada haviam finalmente chegado à "terra prometida". Ali, sob a proteção de Antônio Conselheiro, encontrariam a paz tão desejada, longe da injustiça e opressão. Antônio fora feliz na escolha. Aquela região estava distante de tudo e de todos. A estrada de ferro mais próxima ficava em Queimadas, a duzentos quilômetros de distância. O acesso até o arraial só poderia se dar a pé ou em lombo de animal, e mesmo assim a vegetação áspera dificultava extremamente a caminhada.

SOLO, José Antônio. *Canudos, uma utopia no sertão*. São Paulo: Contexto, 1997. p. 34-35. (Coleção Repensando a História.)

Fonte: ARRUDA, José Jobson de A. *Atlas histórico básico*. São Paulo: Ática, 2005. p. 45.

Em Canudos, todos trabalhavam e a terra era propriedade coletiva: tudo que se produzia era para a comunidade. Antônio Conselheiro pregava uma vida cristã dentro do amor e da fraternidade e afirmava ser um enviado de Deus para minorar os sofrimentos dos sertanejos e anular o que considerava os grandes pecados da república: o casamento civil e a exigência da certidão de nascimento civil, a separação entre a Igreja e o Estado.

Conselheiro resolveu erguer um templo religioso. Deu início à construção, mas, precisando de madeira, fez um pedido de material em Juazeiro e pagou adiantado. Como a madeira não chegava, mandou avisar que enviaria seus adeptos para buscá-la.

Ao fim do conflito em Canudos, em 1897, 400 mulheres e crianças foram feitas prisioneiras na região do antigo arraial.

As autoridades de Juazeiro ficaram temerosas, pois entenderam a proposta de Conselheiro como uma ameaça de invasão. Com o apoio do governo da Bahia, uma força policial foi enviada a Canudos, em novembro de 1896. Quando os soldados estavam acampados, foram afugentados dali pelos adeptos de Conselheiro que, com cruzes e entoando rezas, fizeram-nos debandar.

Em dezembro de 1896 e março de 1897, aconteceram mais duas tentativas fracassadas de repressão ao arraial. Para os poderes constituídos, os grandes fazendeiros e os "coronéis", a existência de um povoado de lavradores pobres, com um líder que pregava a igualdade social e era contra a república, representava uma grande ameaça e qualquer pretexto poderia ser usado para combater Canudos.

Pressionado pela oposição, o presidente Prudente de Morais, em 1897, enviou uma expedição com mais de 5 mil homens para lutar contra os habitantes de Canudos. O arraial foi destruído e seus sobreviventes foram presos. Antônio Conselheiro foi encontrado morto, antes do ataque final. Seu corpo foi desenterrado pelos soldados e sua cabeça, cortada.

O jornalista Euclides da Cunha, do jornal *O Estado de S. Paulo*, fez a cobertura da Guerra de Canudos. Suas observações e artigos deram origem ao livro *Os sertões*.

O Contestado

Desde a criação da província do Paraná, seus dirigentes questionavam os limites estabelecidos com Santa Catarina. Essa divergência provocou a **Questão do Contestado**. O termo *contestado* (questionado) passou a designar a região disputada pelos dois estados, formada por vilas habitadas por uma população muito pobre.

Em 1890, alguns catarinenses solicitaram do governo federal que os limites entre os dois estados fossem definidos. Como não obtiveram resposta, entraram com uma ação judicial, reivindicando a posse da região situada ao sul dos rios Negro e Iguaçu.

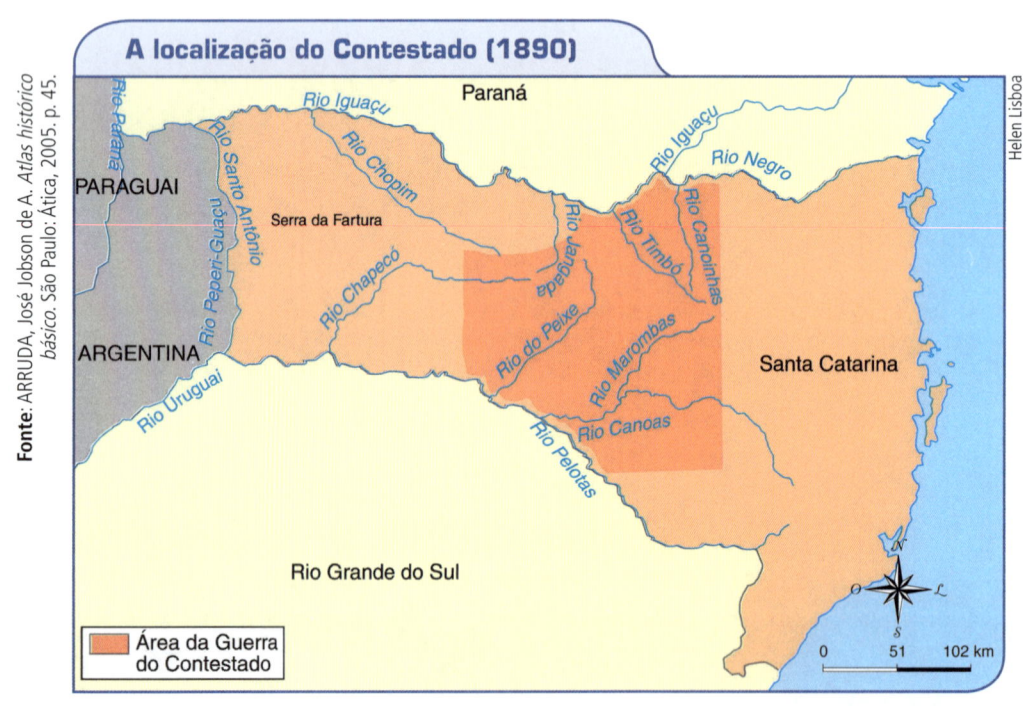

A localização do Contestado (1890)

Fonte: ARRUDA, José Jobson de A. *Atlas histórico básico*. São Paulo: Ática, 2005. p. 45.

Veja onde ocorreu a chamada Guerra do Contestado, um levante popular no qual pequenos proprietários, lavradores e peões desafiaram os governos estadual e federal.

Concomitante à questão de limites, em 1910, uma empresa norte-americana – Brazil Railway Company – ganhou a concessão para construir uma estrada de ferro ligando os estados de São Paulo e Rio Grande do Sul. A fim de cumprir o contrato estabelecido, a companhia iniciou a colonização de 9 quilômetros de cada lado da via férrea. Porém, a companhia não considerou que essa área pertencia a pequenos proprietários e lavradores, que ficaram descontentes.

Pouco tempo depois, uma poderosa madeireira, ligada à companhia norte-americana, foi autorizada a explorar madeira da região do Contestado. Com isso, cada vez ficava mais difícil resolver a questão de limites.

Estoura o conflito

Quando as obras da estrada de ferro terminaram, cerca de 8 mil trabalhadores, oriundos de vários estados, ficaram desempregados. Os proprietários das fazendas ficaram preocupados com essa massa de desocupados que, para sobreviver, invadia as propriedades.

> Devido à falta da presença física da Igreja na região, o alimento espiritual daquele povo sempre fora fornecido pelos profetas, mandraqueiros, mágicos e benzedores que ali viviam...
>
> Dentre eles destacou-se a figura patética de "São" João Maria [...] milagreiro e líder nato, venerado pelo populacho de Serra-Acima. Mas foi um dos seus discípulos mais ousados – Josemaria – quem acendeu o pavio da guerra.
>
> DESENGOSKI, Paulo Ramos. *O desmoronamento do mundo jagunço*. Florianópolis: FCC Edições, 1986. p. 10.

Nessa época, surgiu na região de Campos Novos um "monge", José Maria, na realidade um desertor do exército paranaense. Em 1912, em Taquaraçu, no município de Curitibanos, José Maria conseguiu agrupar um grande número de seguidores, que o enxergavam como um curandeiro e profeta.

Os proprietários locais mandaram uma força policial para afastar o grupo de José Maria, que saiu da região e foi para os campos de Irani, sob o controle do governo paranaense.

Os sertanejos da Guerra do Contestado, foto de Claro Jansson, entre 1912 e 1916.

Diante dessa situação o governo do Paraná deu ordem de desocupação da área. No dia 22 de outubro, soldados paranaenses atacaram o acampamento dos rebeldes. Travou-se uma luta sangrenta, na qual morreram José Maria e o comandante das tropas paranaenses.

Os rebeldes retornaram a Santa Catarina e um novo líder surgiu, Eusébio Ferreira dos Santos. Foram várias as tentativas para destruir os redutos que se formaram. Em 1915, sem condições de continuar resistindo, os rebeldes acabaram se rendendo.

Em cinco anos de guerra, 9 mil casas foram queimadas e 20 mil pessoas mortas.

Em 1916, foi assinada a Convenção de Limites entre Santa Catarina e Paraná. Do total da área disputada, estimada em 47 820 quilômetros quadrados, o Paraná ficou com 20 310 quilômetros e Santa Catarina, com 27 510 quilômetros.

A Revolta da Vacina

Em 1904, durante o governo de Rodrigues Alves, ocorreu a Revolta da Vacina, na cidade do Rio de Janeiro.

Vacina obrigatória, charge da *Revista da Semana*, 21/10/1904. Montado na seringa gigante está o sanitarista Osvaldo Cruz.

No início do século XX, houve nessa cidade um aumento expressivo do número de habitantes. Eram os ex-escravos que abandonavam a zona rural em busca de emprego na cidade e os imigrantes estrangeiros. A maior parte da população passou a viver nos cortiços, em condições de higiene muito precárias, sem esgoto ou coleta de lixo.

Para a concretização do projeto de modernização e saneamento da cidade, do presidente Rodrigues Alves, muitas casas velhas e cortiços foram desapropriados. As pessoas mais pobres foram obrigadas a morar longe dos locais de trabalho, em favelas e subúrbios. Mesmo a classe média sofreu com o aumento do preço dos aluguéis. O descontentamento era geral.

O médico e sanitarista Osvaldo Cruz promoveu uma campanha de saneamento para combater várias doenças, como a febre amarela, a peste bubônica e a varíola, que provocavam muitas mortes.

Em 9 de novembro de 1904, Rodrigues Alves publicou a Lei da Vacinação Obrigatória e autorizou Osvaldo Cruz a promover a vacinação em massa da população, para deter o surto de varíola. Funcionários da saúde pública, acompanhados da polícia, forçavam as pessoas a se vacinar.

Os opositores do governo alegavam que o decreto da vacina propunha a aplicação de forma truculenta e insistiam que a decisão deveria ser pessoal. Como o povo não tinha sido devidamente esclarecido sobre a necessidade da vacina, reagiu e passou a agredir os vacinadores. A partir do dia 10 de novembro, o Rio de Janeiro foi tomado pelos populares, que ergueram barricadas, depredaram lojas e a iluminação pública, incendiaram bondes, entre outros atos.

No confronto com as forças do governo, muitas pessoas morreram ou ficaram feridas. Em quatro dias, a revolta foi sufocada. A consequência da movimentação popular foi a revogação da obrigatoriedade da vacina.

A repressão ao movimento foi dura. Sem direito a defesa, os que foram presos pelas ruas nos dias da revolta, culpados ou não, foram metidos nos porões dos navios do *Loide Brasileiro* e sumariamente expedidos para o recém-incorporado território do Acre.

Por outro lado, a reação bem-humorada numa cançoneta chamada "A vacina obrigatória", de autor desconhecido, é gravada em 1904 em disco Odeon Record, cuja letra diz:

[...]
Bem no braço do Zé Povo
Chega o tipo e logo vai
Enfiando aquele troço
A lanceta e tudo o mais
Mas a lei manda que o povo
E o coitado do freguês
Vá gemendo na vacina
Ou então vá pro xadrez.

[...]
Eu não vou nesse arrastão
Sem fazer o meu trabalho
Os doutores da ciência
Terão mesmo que ir no embrulho
Não embarco na canoa
Que a vacina me persegue
Vão meter ferro no boi
Ou então no diabo que os carregue

A vacina obrigatória. In: *Memória da Pharmacia*. Disco Emi Odeon, Roche. Citado por NEVES, Margarida Souza; HEIZER, Alda. *A ordem é o progresso*. São Paulo: Atual, 1991. p. 64-65. (História em Documentos).

A Revolta da Chibata

Em 1910, eclodiu no Rio de Janeiro a **Revolta dos Marinheiros**, também conhecida como **Revolta da Chibata**.

Os marinheiros tinham péssimas condições de trabalho. Além de receber baixos salários, eram submetidos a castigos físicos. Para discipliná-los, era comum o castigo da chibata.

No governo do presidente Hermes da Fonseca, os marinheiros do encouraçado *Minas Gerais* revoltaram-se contra o açoitamento, em 22 de novembro de 1910, do praça Marcelino Rodrigues de Menezes (que havia recebido o castigo de 250 chibatadas).

O marujo João Cândido, chamado o "Almirante Negro", assumiu a liderança de um movimento de rebeldia que se opunha a esses castigos. Os rebeldes tomaram vários navios que estavam na Baía de Guanabara e passaram a controlá-los, expulsando os oficiais e matando aqueles que resistiram. Ainda ameaçavam bombardear a cidade caso o governo não atendesse suas reivindicações.

Após quatro dias, o presidente da República aboliu os castigos e concedeu anistia aos marinheiros. Ao deporem as armas, perceberam que foram enganados pelo presidente, que expulsou da Marinha os revoltosos e nomeou novos oficiais.

Alguns dias depois, marinheiros iniciaram uma rebelião na Ilha das Cobras, provocando violenta reação do governo. Houve prisões e mortes de centenas de marinheiros, inclusive João Cândido foi preso. Dos sobreviventes, alguns foram degredados para a Região Amazônica; 21 foram colocados em uma **masmorra**, por dois dias. O único sobrevivente foi João Cândido que, após permanecer um longo período preso, foi absolvido em 1912.

João Cândido, o "Almirante Negro", tornou-se símbolo da classe dos marinheiros. Trabalhando como **biscateiro**, viveu seus últimos dias na cidade do Rio de Janeiro, onde morreu em 1969.

Revolta da Chibata em 1910. O marinheiro João Cândido Felisberto (direita) comandou os levantes que exigiram a abolição de torturas aos marinheiros.

Há muito tempo,
Nas águas da Guanabara
dragão do mar reapareceu,
Na figura de um bravo marinheiro
A quem a história não esqueceu.
Conhecido como Almirante Negro
Tinha a dignidade de um mestre-sala,
E ao acenar pelo mar
Na alegria das regatas,
Foi saudado no porto,
Pelas mocinhas francesas,
Jovens polacas
E por batalhões de mulatas!

Rubras cascatas
Jorravam das costas dos negros
Entre cantos e chibatas

Inundando o coração
Do pessoal do porão
Que a exemplo do marinheiro
Gritava: Não!
Glória aos piratas, às mulatas,
Às sereias!
Glória à farofa, à cachaça,
Às baleias!
Glória a todas as lutas inglórias
Que através da nossa história
Não esquecemos jamais!

Salve o Almirante Negro
Que tem por monumento
As pedras pisadas do cais...

João Bosco, Aldir Blanc. "O mestre-sala dos mares".
In: *Caça à raposa*. RCA, 1975. CD.

ATIVIDADES

1) Imagine e crie um diálogo entre um trabalhador rural de uma fazenda de café no Sudeste do país, na época da República Oligárquica, e um morador de Canudos.

No diálogo, cada um deverá contar ao outro:

a) de quem é a terra onde trabalham;

b) como obtêm seus alimentos;

c) quais são as suas condições de vida.

2) Releia o primeiro parágrafo do item "Estoura o conflito", na página 100. Que fatos relatados no texto aplicam-se aos trabalhadores rurais atualmente?

_____

3) Observe com atenção a charge da página 101, sobre a vacina obrigatória e responda.

a) Quem está sentado sobre uma seringa, sendo atacado pela população?

_____

b) Por que a população parece furiosa com essa personagem?

_____

Refletindo

4) No início do século XX, a maior parte da população do Rio de Janeiro morava em cortiços, sem esgoto ou coleta de lixo. Na cidade onde você mora, atualmente:

a) Há cortiços, favelas ou outras moradias desse tipo?

b) Quais são as condições desses bairros?

c) E as condições de vida das pessoas que moram neles?

d) Há alguma campanha de vacinação sendo feita atualmente em sua cidade? Como agem os órgãos de Saúde?

5 Leia o texto a seguir e responda às perguntas sobre a Guerra de Canudos.

Os conselhos que dava acabaram tornando-o conhecido como Antônio Conselheiro. [...] Ele admirava o regime monárquico, principalmente por manter unidos o Estado e a Igreja. [...] E começou a se manifestar também contra o casamento civil e os impostos municipais – duas medidas impostas pelo governo da República. [...] Os seguidores do Conselheiro acreditavam que [...] em Canudos breve chegaria um tempo sem sofrimento, cheio de alegria e liberdade. [...] "O sertão vai virar mar!", profetizava ele.

OLIVIERI, Antônio Carlos. *Canudos, guerras e revoluções brasileiras.* São Paulo: Ática, 1998.

a) Quais foram os motivos que provocaram a Guerra de Canudos?

_____

_____

b) Qual o regime político defendido por Antônio Conselheiro?

_____

c) Em sua opinião, o que Conselheiro queria dizer quando profetizou: "O sertão vai virar mar!"?

_____

_____

_____

Pesquisando

6 Pesquise imagens sobre a vida dos trabalhadores rurais e urbanos no Brasil atualmente. Crie legendas para que, com toda a turma, vocês organizem um mural na classe.

Trabalhando em grupo

7 Troque ideias com o seu grupo sobre quem são os excluídos sociais no Brasil dos nossos dias e escreva um pequeno texto sobre o assunto.

_____

_____

_____

_____

_____

_____

105

Capítulo 11
A QUEDA DA REPÚBLICA OLIGÁRQUICA

O Brasil está mudando

Segunda década do século XX. O Brasil ainda é um país essencialmente agrícola, produzindo e exportando principalmente café, açúcar, algodão, cacau, borracha. A grande maioria da população vive no campo, em condições bastante precárias.

Os coronéis continuam tendo muita força e prestígio, e as oligarquias de São Paulo e Minas Gerais controlam a vida política nacional. Você está lembrado da famosa política do café com leite? As eleições, sempre fraudulentas, apenas confirmam os candidatos à Presidência indicados por esses dois estados, que se revezam no poder.

Contudo, alguma coisa está mudando no Brasil.

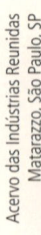

Operárias trabalhando na Fábrica da Indústria da Seda Nacional, em Campinas, SP, na década de 1920.

Vista parcial de algumas indústrias na década de 1920, no bairro do Brás, em São Paulo.

Indústrias estão surgindo, mas a maioria ainda se concentra em São Paulo e no Rio de Janeiro, que são seguidos pelo estado do Rio Grande do Sul. São Paulo já é o maior centro industrial do país, graças à expansão da economia cafeeira, que trouxe grande riqueza para a região.

A Primeira Guerra Mundial também influenciou o desenvolvimento das indústrias no Brasil. Sem a concorrência externa, o produto nacional ganhou maior espaço no mercado interno.

Com o desenvolvimento industrial, várias cidades cresceram.

Na capital paulista, proliferam as casas comerciais, os bancos, os serviços, o artesanato, o comércio de rua e as fábricas de fundo de quintal. Surgem novos edifícios com vários andares e Martinelli, um rico imigrante italiano, resolve construir um arranha-céu com 30 andares. Todos os paulistanos se perguntam: será que essa ideia louca vai dar certo?

Nas ruas, agora mais largas, e nas novas praças arborizadas, homens e mulheres passeiam ou se dirigem para os cinemas e teatros, vestindo roupas da "última moda" europeia. Os ricos ostentam luxuosos automóveis.

São Paulo ganha novos habitantes. Além dos imigrantes que continuam chegando, muitas pessoas abandonam o campo e vêm para a cidade em busca de melhores condições de vida. Será que vão encontrar?

Edifício Martinelli em cartão-postal provavelmente da década de 1940.

Leia o que um jornal publicou:

Pragas de São Paulo

"São Paulo, como no Egito, também tem as suas pragas. Com uma diferença: O Egito possuía dez maldições; São Paulo tem apenas oito..."

As oito pragas a que os jornais se referiam eram: o jogo, a infância abandonada, os aluguéis, os suicídios, os desastres, a mendicância, os anúncios comerciais e a porteira do Brás. A manchete do jornal *A Gazeta*, estampada na primeira página, denunciava o crescimento dos problemas sociais que passavam a fazer parte do cotidiano dos habitantes das grandes cidades, como São Paulo.

SALVADORI, Maria Angela Borges. *Cidades em tempos modernos*. São Paulo: Atual, 1995. p. 8. (A Vida no Tempo).

Os novos grupos sociais dos centros urbanos começam a contestar o poder dos coronéis e das oligarquias. A burguesia industrial não está disposta a continuar aceitando o controle político exercido pelos cafeicultores, que garantem leis em seu benefício, como é o caso da compra dos estoques excedentes de café pelo governo.

Uma boa parcela da classe média quer ter participação política e não aceita o voto de cabresto. É desse grupo que começam a surgir movimentos de oposição, que vão abalar e levar à queda da República Oligárquica.

A pintora Tarsila do Amaral (1886-1973) representou nesta obra chamada *2ª classe*, de 1931, gente do povo, passageiros de trem, brasileiros trabalhadores da década de 1930.

ATIVIDADES

1 Com o desenvolvimento industrial do início do século XX, muitas cidades brasileiras cresceram. Compare as duas fotos abaixo da cidade de São Paulo, tiradas da Avenida Paulista, a primeira do início do século e a segunda atualmente. Converse com os colegas de classe sobre as transformações que você observa.

Avenida Paulista, em São Paulo, em foto de 1902. A Avenida Paulista foi inaugurada em 8 de dezembro de 1891, atendendo ao desejo dos ricos cafeicultores de possuir uma residência fixa na capital do estado.

Avenida Paulista, em São Paulo, SP, 2011.

2 Com seu grupo, monte um cartaz com fotos da cidade onde você mora, retratando o passado e o presente. Escreva um texto descrevendo as fotos e comparando-as.

3 Leia com atenção o texto da página 107, sobre as "pragas de São Paulo". Em sua opinião, algumas delas ainda existem no Brasil atual? Justifique sua resposta.

_____
_____
_____
_____

4 Quais os novos grupos sociais urbanos que passaram a contestar o poder dos coronéis e das oligarquias?

_____
_____

5 Relacione a produção de café ao desenvolvimento industrial.

_____
_____
_____

6 Observe o quadro de Tarsila do Amaral, *2ª Classe*, da página 107 e responda:

a) Quem você acha que são as pessoas retratadas no quadro?

_____
_____

b) Que sentimentos você acha que o rosto dessas pessoas exprime?

_____

c) Como você acha que elas vivem?

_____
_____

d) Na sua opinião, por que a pintora escolheu o título *2ª Classe* para esse quadro?

_____
_____
_____

A Reação republicana

A República Oligárquica teve de enfrentar a oposição de vários setores da sociedade brasileira, como os industriais e o operariado. A esses grupos juntaram-se os militares, afastados do poder desde a República da Espada.

A reação contra a política do café com leite começou no Rio Grande do Sul, que representava a terceira força econômica do país. Em 1919, o apoio do Partido Republicano Rio-Grandense ao então candidato nordestino à Presidência da República, Epitácio Pessoa, fez nascer uma aliança entre o estado sulista e o Nordeste.

Vitorioso para o mandato que se estenderia até 1922, Epitácio Pessoa desenvolveu um programa de governo que contrariava os interesses das oligarquias paulista e mineira. Suspendeu o financiamento ao café e investiu em obras contra a seca.

Como forma de protesto às medidas de Epitácio Pessoa, a oligarquia cafeeira apoiou, para o mandato seguinte, o mineiro Artur Bernardes. O Rio Grande do Sul, por sua vez, deu seu apoio ao fluminense Nilo Peçanha. Dessa forma, uniu-se politicamente ao Rio de Janeiro, Bahia e Pernambuco, estados que apoiavam esse candidato. Iniciava-se a **Reação Republicana**.

Dessa reação, ergueram-se as vozes dos tenentes, a juventude militar contra a dominação das oligarquias. Mas, apesar de toda a oposição, Artur Bernardes venceu as eleições para o mandato de 1922 a 1926.

O Tenentismo

Tenentismo foi um movimento político-militar organizado nos anos 1920, por tenentes, capitães e majores. Eles tinham o objetivo de realizar mudanças na sociedade brasileira, diminuindo o poder das oligarquias e acabando com as fraudes nas eleições, defendendo, para isso, o voto secreto. Propunham também o ensino gratuito e algumas reformas que beneficiariam camponeses e operários.

A Revolta Tenentista teve início na campanha do candidato a presidente Artur Bernardes e se estendeu por todo o seu mandato. Um episódio conhecido como as **Cartas Falsas** foi usado para impedir a posse do novo presidente.

Foi publicada pela imprensa uma carta, supostamente escrita por Artur Bernardes a um amigo, na qual ele ofendia as Forças Armadas. Os militares ficaram revoltados. O marechal Hermes da Fonseca promoveu levantes nos quartéis, mas foi preso por ordem do então presidente, Epitácio Pessoa, que também ordenou o fechamento do Clube Militar. Esses acontecimentos foram o estopim para que os tenentes se revoltassem.

Estão ligadas ao movimento tenentista a Revolta do Forte de Copacabana ou Os 18 do Forte e a Revolução de 1924.

Revolta do Forte de Copacabana

No dia 5 de julho de 1922, explodiu a **Revolta do Forte de Copacabana**, também conhecida como **Revolta dos 18 do Forte**.

Para impedir a posse de Artur Bernardes, os militares planejaram que várias guarnições do Exército deveriam marchar até o palácio do governo e depor Epitácio Pessoa. Hermes da Fonseca assumiria a Presidência em caráter provisório. Seu primeiro ato seria rever o resultado das eleições. Para os tenentes, Nilo Peçanha havia realmente vencido.

Durante dois dias, os rebeldes bombardearam o palácio do governo, provocando a morte de civis e militares. O líder do movimento, Euclides da Fonseca, foi preso. De todos os participantes, apenas 18 decidiram ir em direção ao Palácio do Catete, sede do governo federal. Saíram em marcha pelas praias de Copacabana, até serem impedidos de continuar pelas tropas do governo. Só dois sobreviveram: Siqueira Campos e Eduardo Gomes.

Da esquerda para a direita: tenetes Eduardo Gomes, Siqueira Campos, Nílton Prado e o civil Otávio Correia em marcha na Avenida Atlântica, no Rio de Janeiro, em 5 de julho de 1922.

Revolução de 1924

A Revolução de 1924 ocorreu em São Paulo e foi liderada pelo general Isidoro Dias Lopes. O movimento contou com o apoio da Força Pública Estadual e de civis. O objetivo era depor o presidente Artur Bernardes.

Entretanto, novamente os tenentes foram derrotados. Formaram, então, a Coluna Paulista. Saíram de São Paulo, liderados por Siqueira Campos e Juarez Távora, e partiram para o Rio Grande do Sul, em 1925. Lá encontraram a Coluna Prestes, que subia em direção à Foz do Iguaçu.

O alto comando da Coluna Prestes: o mais importante movimento militar de contestação das estruturas da República Velha, entre 1925 e 1927. Porto Nacional, Goiás, 1925. Prestes está sentado e é o terceiro da esquerda para a direta.

A Coluna Prestes

Comandada pelo jovem capitão Luís Carlos Prestes, a Coluna Prestes, uma numerosa e bem armada tropa, tinha o objetivo de levar o povo a lutar contra as oligarquias dominantes. Essa coluna percorreu 12 estados e mais de 20 mil quilômetros.

O presidente da República valia-se das milícias estaduais e incitava os chefes locais contra os rebeldes, oferecendo prêmios a quem matasse os chefes da coluna. Durante dois anos e meio, a coluna enfrentou tropas do Exército, policiais estaduais e grupos de cangaceiros e jagunços organizados pelas oligarquias. Depois, entraram em território boliviano, onde conseguiram asilo político e se dispersaram.

Mais tarde, alguns integrantes da coluna ingressaram no Partido Comunista, como foi o caso de Luís Carlos Prestes. Outros participaram da Revolução de 1930, que levou Getúlio Vargas ao poder.

Fonte: ARRUDA, José Jobson de A. *Atlas histórico básico*. São Paulo: Ática, 2005. p. 45.

Ao ser convidado para participar da Revolução de 1930, Prestes não concordou. Durante os anos de exílio na Argentina, ele tomou contato com os comunistas e estudou o marxismo. Do exílio, assistiu à ascensão de Getúlio Vargas ao poder.

Sua mulher, a judia alemã Olga Benário, grávida, foi entregue pela polícia de Getúlio aos **nazistas**, vindo a morrer em um **campo de extermínio**, em 1942.

Prestes, que ficou conhecido como Cavaleiro da Esperança, em 1945, elegeu-se senador pelo Partido Comunista Brasileiro, mas o seu mandato e o partido foram cassados.

Com a ditadura militar, Prestes foi obrigado a se exilar na antiga União Soviética. Só em 1979 pôde retornar ao Brasil. Discordando da orientação do Comitê Central, afastou-se do Partido Comunista (do qual foi um dos fundadores), mas continuou defendendo as suas ideias até a morte, em março de 1990.

ORDOÑEZ, Marlene; QUEVEDO, Júlio. *História 2º Grau*. São Paulo: Ibep, 1999. p. 400. Texto adaptado.

A Revolução de 1930

A revolução ocorrida em 1930 foi responsável pela queda da República Oligárquica, já bastante enfraquecida.

Os antecedentes da revolução

As crises políticas e as revoltas levaram o presidente Artur Bernardes a governar em estado de sítio. Houve nova crise de superprodução de café, e o governo foi obrigado a comprar o excedente, dando continuidade à política de valorização desse produto.

Entretanto, em São Paulo, a camada dominante começou a se dividir. Às vésperas da sucessão presidencial, que ocorreria em 1926, representantes de setores empresariais lançaram o manifesto do Partido Democrático, defendendo, entre outras coisas, o voto secreto e a autonomia financeira, com os mesmos privilégios que eram concedidos aos cafeicultores.

As eleições foram vencidas por Washington Luís, candidato indicado por São Paulo. Na composição de seu ministério, ele escolheu, entre outros, o político gaúcho Getúlio Vargas. Durante seu governo, o presidente enfrentou nova superprodução de café, em 1928. Pouco tempo depois, com a grave crise mundial de 1929, Washington Luís não conseguiu empréstimos no exterior para comprar o café excedente. A oligarquia cafeeira ficou com sua situação econômica bastante abalada.

A crise mundial de 1929

Em 1929, nos Estados Unidos, uma crise de superprodução, provocada pelo subconsumo, provocou uma queda geral dos preços, e a especulação de ações na Bolsa de Valores de Nova York levou à queda desse órgão financeiro, no mês de outubro. Houve uma reação em cadeia. As indústrias entraram em crise, provocando um desemprego sem precedentes. Por volta de 1933, mais de 14 milhões de norte-americanos estavam desempregados.

Essa crise afetou a economia de vários países, entre eles o Brasil. O café, principal produto de exportação, tinha nos Estados Unidos o seu maior comprador. Com a crise, os norte-americanos reduziram as compras, e os estoques de café aumentaram, o que provocou a queda do preço.

A revolução explode

A campanha eleitoral para a sucessão de Washington Luís foi o estopim para a eclosão da revolução que derrubou a República Velha.

Era a vez de Minas Gerais indicar o candidato à Presidência da República. No entanto, o governo de São Paulo indicou outro paulista, Júlio Prestes. Diante dessa situação, os mineiros romperam sua aliança com São Paulo e, juntamente com o Rio Grande do Sul e a Paraíba, criaram um novo partido, a **Aliança Liberal**. Foi lançada a candidatura de Getúlio Vargas para a Presidência e do governador da Paraíba, João Pessoa, para vice.

Em sua campanha política, a Aliança Liberal defendia a instituição do voto secreto, o voto feminino, a anistia política e a criação de leis trabalhistas. Contou com o apoio do Tenentismo, das massas urbanas, das oligarquias descontentes com a política do café com leite e do Partido Democrático.

Realizadas as eleições, a vitória foi de Júlio Prestes. Contudo, a oposição, alegando fraude nas eleições, articulou-se para tomar o poder. Em Recife, João Pessoa foi assassinado e o fato teve grande repercussão no país. Ocorreram conflitos em vários estados.

A Aliança Liberal, contando com o apoio dos militares, deu início à revolução. Do Rio Grande do Sul, tropas militares marcharam em direção ao Rio de Janeiro. O general Tasso Fragoso exigiu que o presidente Washington Luís renunciasse ao poder. Como ele não o fez, foi deposto e preso.

Inicialmente, o governo da República foi exercido por uma junta militar formada por Tasso Fragoso, Mena Barreto e Isaías de Noronha. No dia 3 de novembro, Getúlio Vargas assumiu o poder como chefe do governo provisório. Dessa forma, terminava a República Oligárquica e começava a Era Vargas.

ATIVIDADES

1 Explique a seguinte afirmação: "No final da década de 1920, a camada dominante de São Paulo começou a se dividir".

_____
_____

Refletindo

2 Converse com os colegas sobre esta questão: se você vivesse no Brasil nos anos 1920, apoiaria o Tenentismo e seus objetivos? Por quê?

3 Imagine-se no lugar do líder da Coluna Prestes, percorrendo os estados para convencer o povo a lutar contra as oligarquias dominantes.

a) O que você diria para o povo?

_____
_____

4 Para você, qual é a importância do voto secreto?

_____
_____

5 Explique por que a ascensão de Getúlio Vargas ao poder derrubou a República Oligárquica.

_____
_____

Pesquisando

6 Faça uma pesquisa em livros, enciclopédias ou na internet sobre as razões que levaram à crise mundial de 1929 e os efeitos que ela teve em vários países. Escreva um breve resumo e troque ideias com seu grupo sobre o que descobriu.

7 Pesquise quem foram os cangaceiros, anote o que achar importante e troque ideias com o seu grupo sobre o tema: "Os cangaceiros: heróis ou bandidos?". Depois, exponham a conclusão a que chegaram para toda a classe.

Trabalhando em grupo

8 Reúnam-se em grupo para escrever uma matéria para um jornal relatando, de forma resumida e objetiva, os fatos principais da Revolta do Forte de Copacabana, da Revolução de 1924, da Coluna Prestes e da Revolução de 1930. Vocês podem usar fotos, figuras ou mapas para ilustrá-la. Usem uma folha avulsa. Depois, cada grupo deverá passar a matéria para os outros grupos lerem.

Capítulo 12
A ERA VARGAS

Imaginando o cotidiano: o operário e o industrial

Nasce o dia. A família acorda e começa a se preparar para mais uma jornada de trabalho. Da pequena cozinha vem um cheiro forte de café. A mulher já está preparando a primeira refeição e a comida para as marmitas que ela, seu marido e os dois filhos vão levar para almoçar na fábrica. Já prontos, todos sentam para tomar uma xícara de café com leite e comer um pedaço de pão.

Proprietário e operários de fábrica de cereais do Rio de Janeiro, RJ, em 1917.

[...]
À mesa, ao cortar o pão
O operário foi tomado
De uma súbita emoção
Ao constatar assombrado
Que tudo naquela mesa
Garrafa, prato, facão
Era ele quem os fazia
Ele, um humilde operário,
Um operário em construção.

Olhou em torno: gamela
Banco, enxerga, caldeirão
Vidro, parede, janela
Casa, cidade, nação!
Tudo, tudo o que existia
Era ele quem o fazia
Ele, um humilde operário
Um operário que sabia
Exercer a profissão.

MORAES, Vinicius de. In: *Antologia poética*. Rio de Janeiro: José Olympio, 1975. p. 206-207.

O homem pensa satisfeito: a vida é dura, mas ele, um humilde filho de imigrantes espanhóis, está realizando alguns de seus sonhos. Juntando o salário de toda a família, consegue alugar esta casinha e sair do quartinho apertado do cortiço, onde o tanque e o banheiro são coletivos.

Ah! E os filhos? Ele os acha tão pequenos para a vida que estão levando! Um tem 14 anos e o outro, 12. Como gostaria que eles não precisassem trabalhar e pudessem ir para a escola completar seus estudos...

Ele trabalha em uma gráfica e o resto da família em uma tecelagem que fica bem próxima da casa, no bairro operário.

A jornada é de 11 horas úteis, inclusive para as crianças, com uma parada de uma hora e meia para o almoço. É preciso muito cuidado para não sofrer acidentes, pois não há lei que proteja o trabalhador acidentado.

Também não há descanso semanal remunerado, nem férias ou salário mínimo. Os salários dos trabalhadores são baixos e as mulheres e crianças, então, são ainda mais exploradas. Como o custo de vida é muito alto, os salários mal dão para pagar o aluguel, alguns alimentos, em geral insuficientes, o fornecimento de água e luz.

Roupa nova? Só de vez em quando.

E o dono da indústria? Quem é ele?

Nas primeiras décadas do regime republicano, em algumas cidades do Brasil, particularmente nas capitais, começam a surgir indústrias das mais variadas dimensões e de vários ramos. Os setores têxtil e alimentício são os mais desenvolvidos.

Em São Paulo e no Rio de Janeiro, as regiões mais industrializadas do país, a maior parte dos donos das indústrias é formada por fazendeiros de café que aplicaram seu capital excedente em empresas de consumo básico.

Há também um grupo de imigrantes que chegou ao Brasil com algum capital e iniciou o seu próprio negócio, como é o caso dos Matarazzo, os Tolle, os Crespi...

Alguns imigrantes ou seus filhos conseguem abrir as chamadas oficinas de fundo de quintal. São pequenos estabelecimentos (mecânicas, gráficas, marcenarias, carpintarias), com maquinaria precária e poucos trabalhadores, em geral, membros da família.

Vista do bairro do Brás, na cidade de São Paulo, fotografada do Palácio das Indústrias. Ao fundo, prédio do Moinho Matarazzo. Foto de 1910.

Homens, mulheres e crianças: operários da Tecelagem Crespi, São Paulo, SP, 1906.

Os grandes industriais moram longe das fábricas, nos bairros elegantes da cidade, em casarões confortáveis, com muitos empregados. Em seus carros recém-importados, vão para a indústria cuidar de seus negócios. Participam de reuniões culturais, com a família, assistem a espetáculos de teatro e vão aos hipódromos apostar nas corridas de cavalos.

Essa nova elite ostenta grande luxo.

Há associações, sindicatos e uma imprensa operária. Vez ou outra, estouram greves em algumas cidades do país.

Entre tantos problemas enfrentados pelo operariado, um dos principais era a falta de leis trabalhistas. Lideradas por socialistas e por anarcossindicalistas, ocorreram as primeiras manifestações operárias. Os socialistas defendiam a formação de um partido que lutasse pelos interesses dos trabalhadores. Os anarcossindicalistas preferiam lutar por intermédio dos sindicatos.

Comício na Praça da Sé, em São Paulo, durante a greve geral de 1917.

Nas primeiras décadas do século XX, estouraram várias greves operárias, sempre reprimidas com muita violência. Os grevistas eram demitidos do trabalho, presos, seus jornais eram fechados e os sindicatos, invadidos.

A greve de 1917 foi o mais importante movimento operário dessa fase. Numa das paralisações operárias desse movimento, foi morto, em confronto com a polícia, o jovem anarquista José Martinez. Essa greve iniciou-se em São Paulo e alastrou-se por todo o país.

Em 1922, foi fundado o Partido Comunista, que apoiou o movimento operário. Os comunistas defendiam a formação de uma central sindical que organizasse os trabalhadores. No entanto, esse partido, quatro meses depois de sua fundação, foi declarado ilegal pelo presidente Artur Bernardes e passou a agir apenas na clandestinidade.

O movimento operário contribuiu para a queda da República Oligárquica, e os trabalhadores esperavam que o novo governo atendesse suas reivindicações.

Leia o que foi publicado no jornal *O Trabalhador Gráfico* no dia 5 de dezembro de 1928.

> [...] Enquanto negociantes, industriais e donos de casas aumentam continuamente, sem razão alguma e sem limite, somente por ganância insaciável, os preços de mercadorias de artigos de primeira necessidade e os aluguéis das casas, o operariado, e com isto 90% da população paulista, aguenta com uma paciência incrível e imperdoável essas imposições dos exploradores do povo, os abelhões, chamados capitalistas. [...]
> É verdade, vivemos mesmo na mais negra miséria! [...]
>
> Citado por DE DECCA, Maria Auxiliadora Guzzo. *Indústria, trabalho e cotidiano*. Brasil – 1889 a 1930. São Paulo: Atual, 1991. p. 53-54. (História em Documentos).

Getúlio Vargas assumiu o poder com Revolução de 1930 e governou o país durante 15 anos. Esse período é normalmente conhecido como a **Era Vargas**. Seu governo é dividido em três fases: Governo Provisório (1930-1934), Governo Constitucional (1934-1937) e Estado Novo (1937-1945).

ATIVIDADES

1) Compare as condições de vida e de trabalho dos operários do início da Era Vargas e atualmente. Converse com os colegas sobre o que permaneceu e as mudanças que ocorreram.

2) Faça uma entrevista com uma pessoa mais velha para conhecer as condições de vida e de trabalho em outras épocas. Você pode perguntar:

a) No que a maioria das pessoas trabalhava?

b) Os salários pagos eram suficientes para atender as necessidades das pessoas?

c) Que problemas enfrentavam no trabalho?

d) Havia leis que garantissem os direitos trabalhistas?

e) Ocorriam greves de trabalhadores ou outro tipo de manifestação?

Na classe, reúna-se com o seu grupo para vocês compararem as entrevistas e reunirem as informações obtidas para exporem para a classe.

3) Compare as informações obtidas na entrevista com as informações das páginas 115 a 117 e com o que você conhece sobre as condições de vida e de trabalho dos trabalhadores atualmente. Identifique o que mudou e o que permaneceu.

_____
_____
_____
_____
_____
_____

4) Releia o primeiro parágrafo da página 116 e o primeiro parágrafo da página 117. Sublinhe em cada um dos parágrafos a frase que informa as condições de moradia dos trabalhadores e dos grandes industriais. Depois, responda: as condições de moradia dos trabalhadores mais pobres e dos grandes empresários mudaram daquela época para cá?

_____
_____
_____
_____
_____

O governo provisório

Logo no início de seu governo, Getúlio Vargas dissolveu o Congresso Nacional, as Assembleias Estaduais e as Câmaras Municipais. Muitos governadores foram substituídos por interventores, com amplos poderes. Foram criados dois novos ministérios: o do Trabalho, Indústria e Comércio, e o da Educação e Saúde. Os meios de comunicação e os sindicatos, que para funcionar precisavam da autorização do Ministério do Trabalho, passaram a ser controlados. Os sindicatos não eram autorizados a exercer atividade política e seus líderes não representavam os trabalhadores.

Manifestação a favor da Revolução Constitucionalista, no centro da cidade de São Paulo, em 1932.

9 de julho: os paulistas lutam

A aristocracia cafeeira paulista não se conformava em ter perdido o poder político. Tentando retomar sua posição, em 1932 os paulistas iniciaram um movimento revolucionário, exigindo uma nova Constituição.

A nomeação do pernambucano João Alberto como interventor de São Paulo acirrou os ânimos contra o governo federal. Os partidos Democrático e Republicano Paulista uniram-se, formando a Frente Única. Sob grande pressão, Vargas nomeou novo interventor para São Paulo, o paulista civil Pedro de Toledo, e marcou o dia para a eleição dos que fariam parte da Assembleia Constituinte.

Soldados em trincheira de combate na luta armada de São Paulo contra o governo central, em 1932.

Mas os conflitos em São Paulo continuavam. Em um deles, foram mortos os estudantes Martins, Miragaia, Dráuzio e Camargo, e as iniciais de seus nomes deram origem à sigla MMDC, nome dado ao levante paulista. Pouco tempo depois, essa mobilização desencadeou a **Revolução Constitucionalista de 1932**.

As forças paulistas foram comandadas pelo general Isidoro Dias Lopes. Depois de cerca de três meses de revolução, os paulistas foram derrotados pelas tropas federais.

Apesar do fracasso do movimento, Getúlio Vargas convocou a Assembleia Constituinte.

A Constituição de 1934

Em julho de 1934, foi promulgada uma nova Constituição, a segunda do período republicano. Suas principais características foram:
- manutenção da autonomia dos estados;
- extinção do cargo de vice-presidente;
- leis trabalhistas, como a instituição do salário mínimo, jornada de oito horas de trabalho, descanso semanal e férias remuneradas, proibição do trabalho de menores de 14 anos de idade, indenização por demissão sem justa causa, licença para gestantes e Justiça do trabalho;
- voto secreto, direto e direito de voto às mulheres.

A Assembleia Constituinte também elegeu o presidente da República, e Getúlio Vargas foi confirmado no cargo.

O governo constitucional

Esse período foi marcado pelo surgimento de duas correntes político-ideológicas antagônicas:
- a **Ação Integralista Brasileira**, de inspiração fascista, liderada por Plínio Salgado, contando com o apoio dos setores conservadores da sociedade;
- a **Aliança Nacional Libertadora**, de orientação marxista, liderada por Luís Carlos Prestes, chefe do Partido Comunista.

Na metade dos anos 1930, o Partido Comunista passou a fazer oposição a Vargas, porque entendia que ele governava de acordo com a política da burguesia e não atendia aos interesses da classe operária. Para ampliar sua atuação política, o partido procurou aumentar o número de filiados. O programa da Aliança Nacional Libertadora era muito semelhante ao dos comunistas: luta por melhores salários, reforma agrária e democracia política. Luís Carlos Prestes foi eleito presidente de honra do Partido Comunista.

A dissolução da Aliança Nacional Libertadora, por ordem de Vargas, provocou uma revolta comunista, em novembro de 1935, conhecida como **Intentona** Comunista ou Revolução Vermelha.

O governo Vargas conseguiu controlar a rebelião, e muitos de seus participantes foram presos e torturados; alguns foram mortos. Prestes, preso em 1936, cumpriu 16 anos de prisão.

Rebeldes da Intentona Comunista deixam o quartel, no Rio de Janeiro, em direção à prisão, 1935-1936.

A campanha presidencial e o Estado Novo

Em 1937, teve início nova campanha política para ocupar a Presidência da República. Surgiram vários candidatos ao cargo, mas o presidente Vargas tinha planos bem diferentes. Alegando que os comunistas queriam tomar o poder e contando com o apoio das Forças Armadas e do Congresso Nacional, Getúlio Vargas deu um golpe de Estado. Suspendeu as eleições e outorgou ao país uma nova Constituição. Por ela, os estados e municípios perdiam autonomia; os partidos políticos foram extintos e houve o fortalecimento do poder executivo.

Teve início o período ditatorial do governo de Getúlio Vargas, conhecido como **Estado Novo**. Vargas governou por decretos-leis e se preocupou bastante com o controle da classe operária e dos sindicatos.

Comemoração do Dia do Trabalho, no Estádio Vasco da Gama, em 1942. A propaganda política é usada pelo Estado Novo para cultivar a imagem do presidente Getúlio Vargas.

O golpe também contou com o apoio de setores da burguesia industrial e de boa parte das oligarquias latifundiárias. A classe média urbana também ficou satisfeita com o afastamento da "ameaça" comunista e apoiou o golpe por esperar que fossem criados novos empregos.

São características desse período:
- criação do imposto sindical, pelo qual cada trabalhador pagava ao governo um dia de trabalho por ano;

- criação do Departamento de Imprensa e Propaganda (DIP), a fim de controlar o que era publicado pela imprensa e, assim, controlar a opinião pública;
- elaboração, em 1943, da Consolidação das Leis do Trabalho (CLT), uma reunião das leis que regiam a relação entre patrões e empregados;
- investimentos na indústria;
- estímulo à policultura;
- criação do Instituto Brasileiro do Café, para controlar o mercado desse produto;
- construção da Companhia Siderúrgica Nacional, em Volta Redonda, e da Companhia Vale do Rio Doce, em Minas Gerais.

Durante o Estado Novo, eclodiu a Segunda Guerra Mundial (1939-1945). A participação do Brasil nesse conflito, a partir de 1942, provocou significativa mudança na política interna do país. Houve o enfraquecimento do Estado Novo. A Era Vargas estava chegando ao fim.

ATIVIDADES

1 Que tipo de repressão sofriam os trabalhadores grevistas nas primeiras décadas do século XX?

2 Releia os principais itens da Constituição de 1934.

a) Em relação ao direito de voto, que mudanças ocorreram a partir da Constituição de 1891?

b) Que itens das leis trabalhistas permanecem até hoje?

3 Quais foram as características do período ditatorial no Brasil na época do Estado Novo?

Refletindo

4 Se você vivesse em 1932, teria apoiado a Revolução Constitucionalista? Por quê? Troque ideias com a classe sobre o assunto, observando a resposta de seus colegas.

5 Dentre as características da Era Vargas (veja nas páginas 119 a 121):

a) Há alguma que você considera positiva? Qual?

_____

_____

b) Há alguma que você considera negativa? Qual?

_____

_____

6 Veja estas imagens do período Vargas:

Cartazes distribuídos nas escolas na época do Estado Novo apresentam imagem de Vargas com crianças.

O órgão DIP (Departamento de Imprensa e Propaganda) não só controlava tudo que era publicado no Brasil, como também se encarregava de fazer a propaganda do governo. Por estas imagens, qual a ideia que se queria transmitir, na sua opinião?

_____

_____

_____

_____

Pesquisando

7 Em grupos, procurem, em jornais, revistas e na internet informações sobre os problemas que os trabalhadores enfrentam atualmente e quais são suas principais reivindicações. Anote o que achar mais importante para conversar sobre o assunto com o resto da classe e dar sua opinião sobre possíveis soluções para os problemas.

8 Procure saber e escreva o que são os decretos-leis.

_____

_____

Capítulo 13
FIM DA ERA VARGAS E O RETORNO DA DEMOCRACIA

O Brasil na Segunda Guerra Mundial

1º de setembro de 1939. No Brasil, muitas pessoas correm para comprar os jornais do dia, que trazem na primeira página a terrível notícia: Começou a guerra. As emissoras de rádio não falam em outra coisa.

O Exército alemão, que já havia dominado algumas regiões da Europa, invadiu a Polônia. A Europa se dividia em dois blocos. De um lado, o Eixo, formado pela Alemanha nazista, governada por Adolf Hitler, e pela Itália fascista, governada por Mussolini.

Do outro lado, estavam a Inglaterra, a França e a Rússia, conhecidas como os Aliados. As duas facções receberam a adesão de vários outros países.

A Força Expedicionária Brasileira, após participar da Segunda Guerra mundial, é saudada pela população carioca no Centro do Rio de Janeiro, RJ, em 1946.

O avanço alemão 1939-1942

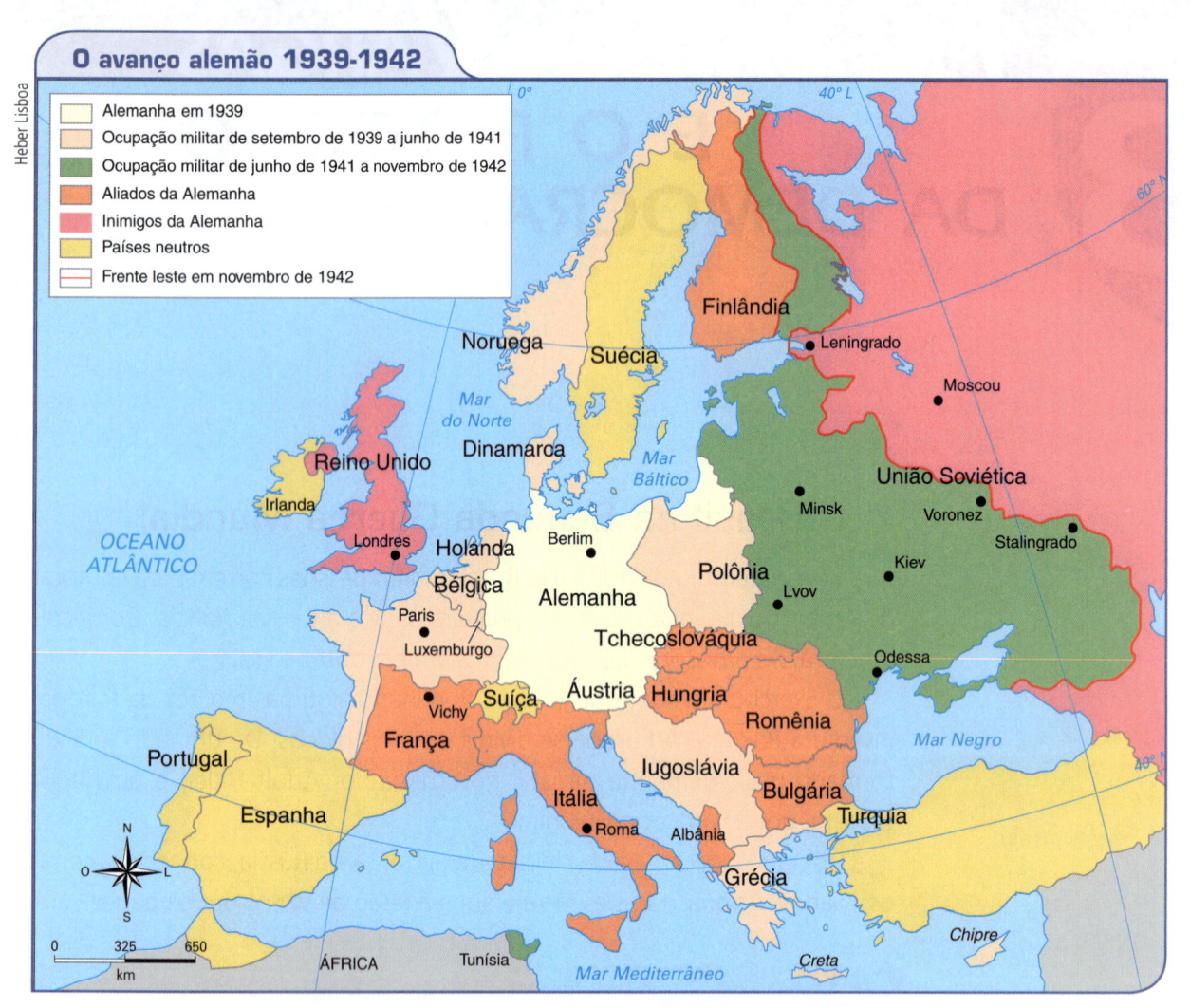

- Alemanha em 1939
- Ocupação militar de setembro de 1939 a junho de 1941
- Ocupação militar de junho de 1941 a novembro de 1942
- Aliados da Alemanha
- Inimigos da Alemanha
- Países neutros
- Frente leste em novembro de 1942

Fonte: KINDER, Hermann; HILGEMANN, Werner; HERGT, Manfred. *Atlas histórico mundial*. Madri: Akal, 2007.

Muitas pessoas ligadas ao governo, como Eurico Gaspar Dutra, Francisco Campos, Filinto Müller e o próprio presidente Getúlio Vargas, tinham simpatia pelo nazifascismo. O Brasil mantinha relações comerciais com a Alemanha, exportando e importando produtos. Além disso, vários oficiais do Exército brasileiro haviam feito cursos de aperfeiçoamento nesse país.

Os Estados Unidos, a grande potência americana, não haviam entrado diretamente no conflito, mas ajudavam o bloco liderado pela Inglaterra e procuravam convencer os demais países americanos a fazer o mesmo.

Em 1941, o Japão entrou na guerra ao lado do Eixo. Em dezembro desse ano, os japoneses atacaram a base naval norte-americana de Pearl Harbor, no Havaí, provocando a entrada dos Estados Unidos na guerra.

E agora, que posição o governo brasileiro iria tomar?

Em fevereiro de 1942, os alemães torpedearam navios mercantes brasileiros, entre eles o *Olinda*, o *Cabedelo* e o *Buarque*.

Getúlio Vargas entre membros do Exército brasileiro, no final da década de 1930.

> [...] Getúlio, aparentemente, aceitava a tese norte-americana de defesa conjunta do continente, mas recusava-se a cortar laços com a Alemanha. Em especial com a empresa aérea Condor (subsidiária da Lufthansa), que, além de deter o controle das linhas internacionais brasileiras, tinha contratos com a Vasp e a Varig para reposição de peças. Quanto aos EUA, o Brasil aceitou a oferta de fornecimento de 100 milhões de dólares em armamentos.
>
> *Nosso século*: 1930-45. São Paulo: Abril Cultural, 1980. p. 210.

Nas ruas, muitas pessoas exigiam que o Brasil declarasse guerra ao Eixo. Em agosto, Getúlio o fez, colocando-se ao lado dos Aliados. Os Estados Unidos construíram uma base naval na cidade de Natal e tiveram a autorização de operar em todos os aeroportos do Nordeste.

No ano seguinte, uma Divisão de Infantaria da FEB (Força Expedicionária Brasileira), comandada pelo marechal Mascarenhas de Morais, foi enviada para a guerra.

O Exército brasileiro lutou na Itália de setembro de 1944 a fevereiro de 1945, onde ajudou na tomada de Monte Castelo, na conquista de Castelnuovo, Montese, Zocca e Bolonha.

Após sucessivas vitórias dos Aliados em todas as frentes de batalha, as forças do Eixo se renderam, pondo fim à guerra. Era o dia 8 de maio de 1945.

Entretanto, a guerra no Pacífico continuava. Em agosto, o presidente norte-americano ordenou o lançamento de bombas atômicas sobre as cidades japonesas de Hiroshima e Nagasaki. O Japão se rendeu.

Enquanto o mundo comemorava o término da guerra, no Brasil uma pergunta corria de boca em boca: como lutar contra nações totalitárias e continuar aceitando uma ditadura dentro do próprio país?

Os grupos de oposição ao governo do Estado Novo se fortaleceram. Entre esses grupos estavam alguns escritores que, reunidos em um congresso, declararam: "Queremos um governo eleito pelo povo em sufrágio universal".

A ditadura estava chegando ao fim.

ATIVIDADES

1) Quando começou a Segunda Guerra Mundial?
_____

2) Que tipo de relações havia entre a Alemanha e o Brasil naquela época?
_____
_____
_____

3) Qual era a posição dos Estados Unidos no início do conflito mundial?
_____
_____
_____

4 Quando e por que o Brasil entrou na Segunda Guerra?

_____
_____
_____
_____

5 Qual foi a atuação do Exército brasileiro na guerra?

_____
_____
_____
_____

6 Qual a relação entre a Segunda Guerra e a queda do Estado Novo?

_____
_____
_____
_____

A ditadura chega ao fim

Além da oposição interna, o governo ditatorial do Brasil também sofreu pressões externas. Os Estados Unidos não eram favoráveis à política nacionalista de Getúlio Vargas, o que dificultava a entrada de capitais estrangeiros no país.

Vargas viu-se praticamente obrigado a tomar algumas medidas redemocratizantes: diminuiu a censura à imprensa, prometeu realizar eleições gerais e permitiu a volta dos partidos políticos.

Getúlio Vargas marcou para 2 de dezembro de 1945 a realização das eleições gerais. Surgiram vários partidos políticos, que indicaram seus candidatos à Presidência da República:

- **União Democrática Nacional** (UDN): organizado pela oposição, reunia industriais, banqueiros, grandes proprietários, a classe média urbana e parte dos militares. Lançou o nome do brigadeiro Eduardo Gomes;
- **Partido Social Democrático** (PSD): criado pelo próprio Vargas, reunia seus adeptos de vários setores sociais: as oligarquias rurais, banqueiros e alguns industriais;
- **Partido Trabalhista Brasileiro** (PTB): organizado pelos dirigentes sindicais que apoiavam Getúlio. Coligado ao PSD, lançou a candidatura do general Eurico Gaspar Dutra.

Com a legalização dos partidos, voltou ao cenário político brasileiro o **Partido Comunista** (PC). Seu candidato à presidência era Yedo Fiúza.

Durante a campanha eleitoral, formou-se um movimento popular denominado **Queremismo**. O nome derivou da frase "queremos Getúlio", usada durante as manifestações. Esse movimento defendia que Vargas deveria permanecer no poder e liderar a redemocratização do país.

Temendo a permanência de Vargas no governo, a oposição, com o apoio das Forças Armadas, conspirou para derrubar o presidente. Em 29 de outubro de 1945, o Palácio do Catete foi cercado pelas Forças Armadas, comandadas pelo ex-ministro da Guerra, Góis Monteiro. Getúlio foi obrigado a renunciar ao cargo e em seu lugar assumiu José Linhares, presidente do Supremo Tribunal Federal. Na data prevista, foram realizadas as eleições e o candidato vencedor foi Eurico Gaspar Dutra.

Manchete do jornal *A Notícia* anuncia a queda do ditador Getúlio Vargas, 1945.

PSD e o PTB conseguiram maioria no Congresso Nacional. Getúlio Vargas era um dos senadores do Rio Grande do Sul, eleito pelo PTB.

O governo de Gaspar Dutra

No início de seu mandato, Dutra garantiu a posse aos eleitos para a Assembleia Nacional Constituinte, a fim de elaborar uma nova Constituição para o país. A Constituição foi promulgada em 1946, tendo como principais características: república presidencialista, com o presidente eleito por cinco anos; três poderes: Executivo, Legislativo e Judiciário; três senadores por estado, com mandato de oito anos; número de deputados proporcional ao número de eleitores, por um mandato de quatro anos; voto secreto, direto e universal para maiores de 18 anos, com exceção de analfabetos, cabos e soldados. A legislação trabalhista não sofreu alterações.

No plano econômico, o governo do marechal Dutra teve duas fases. Inicialmente, foi adotada uma política de não intervenção do Estado na economia. Foi permitida a entrada do capital estrangeiro, principalmente norte-americano, e várias empresas estrangeiras instalaram-se no Brasil. Com a liberação das importações, os produtos estrangeiros passaram a concorrer com a produção nacional. Ocorreu o crescimento da dívida externa e da inflação.

Os deputados da Assembleia Constituinte em plenária, para elaboração da nova Constituição do Brasil. Rio de Janeiro (então Distrito Federal), 1946.

A partir de 1947, as importações passaram a ser controladas. Era permitida apenas a entrada de produtos essenciais, como remédios, e aqueles necessários para o funcionamento da indústria nacional. Os investimentos públicos foram dirigidos para setores considerados prioritários: saúde, alimentação, transporte e energia – o chamado **Plano Salte**. Foi construída a hidrelétrica de Paulo Afonso e pavimentada a rodovia Rio-São Paulo.

Apesar da inflação, o salário mínimo não era reajustado. Para evitar que os trabalhadores se organizassem e se rebelassem, o governo passou a intervir nos sindicatos. Mesmo assim, estouraram várias greves e uma revolta popular em São Paulo, em 1947, contra o aumento do custo de vida e das passagens dos transportes coletivos. Para acalmar o povo, o governo liberou o aumento dos salários.

No plano político, o governo Dutra caracterizou-se pela aproximação com os Estados Unidos, alinhando-se ao bloco capitalista.

Após o término da Segunda Guerra Mundial, os Estados Unidos e a antiga União Soviética passaram a disputar a liderança mundial. Essa disputa ficou conhecida como **Guerra Fria**. Essa expressão foi usada para indicar que, apesar da tensão existente entre as duas nações, elas não se enfrentaram diretamente.

O presidente Eurico Gaspar Dutra, em foto provavelmente de 1947.

Em 1947, o Tribunal Superior Eleitoral declarou o Partido Comunista ilegal e cassou os mandatos de todos os políticos que haviam sido eleitos sob essa legenda. No mesmo ano, o governo brasileiro rompeu relações diplomáticas com a União Soviética.

Em 1950, aproximando-se o término do mandato de Dutra, iniciou-se nova campanha eleitoral. O PTB e o PSP (Partido Social Progressista), liderado por Adhemar de Barros, apoiaram a candidatura de Getúlio Vargas; a UDN, a do brigadeiro Eduardo Gomes; e o PSD, a de Cristiano Machado. Getúlio Vargas venceu as eleições para presidente, tendo Café Filho como vice. O retorno de Vargas à Presidência foi marcado por grande apoio das camadas populares, que o viam como o "pai dos pobres", pois havia feito uma legislação para os trabalhadores.

O governo de Vargas

Getúlio Vargas tomou posse em 31 de janeiro de 1951 e governou o Brasil até agosto de 1954. Estabelecendo uma política de conciliação com as elites, organizou um ministério com representantes de todos os partidos políticos, ficando o PTB apenas com o Ministério do Trabalho. Seu governo caracterizou-se por uma política econômica **nacionalista** e pelo **populismo**.

Vargas enviou ao Congresso Nacional seu programa de governo, que se caracterizava pela defesa da indústria nacional e pela maior intervenção do Estado na economia. Para controlar as importações e favorecer as empresas nacionais, criou novas tarifas alfandegárias. Para o desenvolvimento da indústria de base, os recursos seriam captados por meio das exportações e de empréstimos estrangeiros.

Quando Getúlio assumiu o governo, já existia a ideia de se criar uma indústria petrolífera no Brasil. Setores nacionalistas da sociedade, que englobavam intelectuais, estudantes, políticos e parte dos militares, desencadearam uma campanha cujo lema era: "O petróleo é nosso", defendendo o monopólio estatal sobre o produto.

A lei criando a Petrobras (Petróleos Brasileiros S. A.) foi enviada ao Congresso em 1951, tendo sido aprovada somente em 1953. Essa lei garantia o monopólio estatal da exploração e do refino do petróleo.

Crise no governo Vargas

Alguns setores da sociedade faziam oposição ao governo Vargas, por serem contra sua política nacionalista e as concessões que fazia aos trabalhadores, tais como aumento de salário e a Lei da **insalubridade** e de acidentes de trabalho.

Em 1953, o governo Vargas enfrentou uma grave crise. Na cidade de São Paulo, em março desse ano, os trabalhadores, liderados pelo Partido Comunista, organizaram um movimento grevista por melhores salários. Esse movimento espalhou-se pelo interior do estado. Sentindo-se ameaçada, a burguesia exigiu do governo o restabelecimento da ordem.

Para conter a situação, Vargas escolheu um jovem político gaúcho para ocupar o Ministério do Trabalho, João Goulart. Presidente do PTB, ligado ao movimento sindical, Goulart propôs um aumento de 100% para o salário mínimo. Os empresários ficaram descontentes e Getúlio foi obrigado a demiti-lo. No entanto, em 1º de maio de 1954, o presidente concedeu o aumento.

A oposição ao governo Vargas aumentava. Eram empresários ligados às empresas estrangeiras, membros da UDN e alguns oficiais das Forças Armadas. O jornalista udenista Carlos Lacerda, dono do jornal *Tribuna da Imprensa*, fazia duras críticas ao governo, acusando-o de corrupção e de estar tramando um golpe para estabelecer uma república sindicalista. Contou com o apoio de importantes jornais do país (*O Estado de S. Paulo*, *O Globo*, entre outros).

Na noite de 5 de agosto de 1954, na Rua Toneleros, no Rio de Janeiro, Carlos Lacerda sofreu um atentado. Ele levou um tiro no pé, mas o major da Aeronáutica, Rubens Vaz, que o acompanhava, foi morto. O inquérito policial-militar apontou Gregório Fortunato, chefe da segurança de Vargas, como o mandante. A situação tornou-se insustentável para Vargas. As Forças Armadas entregaram ao presidente um manifesto exigindo sua renúncia.

Ao saber da decisão dos militares, Getúlio suicidou-se com um tiro no coração, na manhã do dia 24 de agosto. Deixou uma carta-testamento, explicando o motivo de seu ato.

A comoção popular foi imensa. Houve manifestações em todo o país. A população invadiu jornais antigetulistas, apedrejou as sedes da UDN e da embaixada dos Estados Unidos, no Rio de Janeiro. Lacerda fugiu do país.

O jornalista Carlos Lacerda é levado ao hospital, minutos após o atentado sofrido na Rua Toneleros, no Rio de Janeiro, em 1954.

Corpo de Getúlio sendo levado ao aeroporto, em agosto de 1954, Rio de Janeiro, RJ.

A carta-testamento de Getúlio Vargas

Mais uma vez, as forças e os interesses contra o povo condenaram-me novamente e se desencadeiam sobre mim.

Não me acusam, insultam; não me combatem, caluniam e não me dão o direito de defesa. Precisam sufocar a minha voz e impedir a minha ação, para que eu não continue a defender, como sempre defendi, o povo e principalmente os humildes. Sigo o destino que me é imposto. Depois de decênios de domínio e de espoliação dos grupos econômicos e financeiros internacionais, fiz-me chefe de uma revolução e venci. Iniciei o trabalho de libertação e instaurei o regime de liberdade social. Tive de renunciar. Voltei ao governo nos braços do povo. A campanha subterrânea dos grupos internacionais aliou-se à dos grupos nacionais, revoltados contra o regime de garantia do trabalho. A lei de lucros extraordinários foi detida no Congresso. Contra a justiça da rescisão do salário mínimo se desencadearam os ódios. Quis criar a liberdade nacional de potencialização das nossas riquezas.

Através da Petrobras, mal começa esta a funcionar, a onda de agitação se avoluma. A Eletrobrás foi obstaculada até o desespero. [...]

Lutei contra a espoliação do Brasil. Lutei contra a espoliação do povo. Tenho lutado de peito aberto. O ódio, as infâmias, a calúnia não abateram o meu ânimo. Eu vos dei a minha vida. Agora ofereço a minha morte. Nada receio. Serenamente dou o primeiro passo no caminho da eternidade e saio da vida para entrar na história.

Diário de Notícias, 24/8/1954. In: PRIORI, Mary Del; NEVES, Maria de Fátima das; ALAMBERT, Francisco. *Documentos da História do Brasil*. São Paulo: Scipione, 1996.

O vice governa

Com a morte de Getúlio Vargas, assumiu o vice-presidente João Café Filho (1954-1955). Sua política econômica favoreceu a entrada do capital estrangeiro no país, prejudicando as empresas nacionais. O governo restringiu o crédito e manteve os salários baixos.

Durante seu mandato, em outubro de 1955, realizaram-se as eleições para o novo período presidencial, saindo vitorioso o candidato do PSD, Juscelino Kubitschek de Oliveira, e para vice-presidente, João Goulart, do PTB.

O governo de Juscelino e a nova capital

Juscelino Kubitschek de Oliveira governou o Brasil de 1956 a 1961. Contou com o apoio do Congresso e das Forças Armadas.

Seu programa de governo, denominado **Plano de Metas**, prometia, em cinco anos, transformar o Brasil: o progresso de "cinquenta anos em cinco". Esse plano priorizava os setores industrial, energético, educacional, de alimentação e transporte. Juscelino permitiu a entrada de capital estrangeiro, importou tecnologia e fez empréstimos no exterior.

Nesse período, o Brasil conheceu um grande desenvolvimento industrial, destacando-se a criação da indústria automobilística na região do ABC, no estado de São Paulo. O governo investiu na construção de usinas hidrelétricas, como Três Marias e Furnas, na produção de petróleo e em rodovias, como a Belém-Brasília.

JK, como era chamado Juscelino, desfila na inauguração de uma indústria automobilística em São Bernardo do Campo, SP, em 1959.

Mesmo os trabalhadores rurais, "esquecidos" pelo governo, começaram a sofrer o impacto da modernização do país. [...] A agricultura também deveria seguir os passos da modernização, introduzindo a mecanização da lavoura, tendo como resultado imediato o desemprego e a baixa dos salários na área rural. Ao mesmo tempo, os proprietários mais tradicionais aumentaram a exploração de seus trabalhadores, tentando manter o ritmo costumeiro de acumulação de capitais, sem investir em novas técnicas. Com isso, temos a radicalização dos problemas do campo, trazendo de volta a discussão, sempre adiada, da reforma agrária. Para os trabalhadores, a reforma da estrutura **fundiária** significaria uma oportunidade de escapar da fome, do desemprego e da péssima qualidade de vida.

DANTAS FILHO, José; DORATIOTO, Francisco Fernando Monteoliva. *A República Bossa Nova*. São Paulo: Atual, 1991. Coleção História em Documentos.

Brasília, a nova capital

No governo de Juscelino houve a transferência da capital federal para Brasília, na Região Centro-Oeste do país. Para a construção da cidade, o presidente criou um órgão governamental, a Novacap. A cidade foi projetada pelo urbanista Lúcio Costa e pelo arquiteto Oscar Niemeyer. Brasília foi inaugurada em 21 de abril de 1960. Essa obra abriu campo de trabalho para milhares de brasileiros e contribuiu para o desenvolvimento do Planalto Central. No entanto, houve um aumento da dívida externa brasileira, da inflação e o custo de vida subiu.

Prédio do Congresso Nacional em construção, Brasília, DF, 1960.

Com a alta da inflação, o governo brasileiro passou a ter dificuldades em conseguir empréstimos no exterior. Inclusive, o Fundo Monetário Internacional (FMI), um órgão das Nações Unidas criado para promover a cooperação monetária entre os países-membros, fez uma série de exigências. O governo brasileiro deveria combater a inflação, reduzir despesas e retirar o subsídio sobre o trigo e o petróleo. Juscelino não aceitou essas exigências e rompeu com o FMI.

A partir de 1958, o governo passou a sofrer muitas críticas, motivadas pela inflação, elevação do custo de vida e greves.

Nas eleições de 3 de outubro de 1960, com a maior votação recebida por um candidato até então, foi eleito Jânio da Silva Quadros para presidente, e João Goulart para vice-presidente.

Jânio governa por um curto período

Jânio Quadros havia sido vereador, prefeito da capital e governador do estado de São Paulo. Na Presidência da República, procurou combater a inflação. Para tanto, congelou os salários, reduziu o crédito bancário e cortou subsídios à importação de trigo, papel e gasolina, provocando aumento do preço de vários produtos e dos transportes. Reatou com o FMI, conseguindo um empréstimo de 2 bilhões de dólares.

Jânio tentou governar com uma política externa autônoma, afastando-se um pouco da dependência em relação aos Estados Unidos. Restabeleceu as relações diplomáticas com a antiga União

Soviética, procurou mercado para os produtos brasileiros nos países socialistas, apoiou a entrada da China comunista na ONU. Essa política sofria severas críticas das forças conservadoras civis e militares e desagradava o governo norte-americano.

Quando condecorou com a Ordem do Cruzeiro do Sul o ministro cubano Ernesto Che Guevara, um dos líderes da Revolução Cubana, a oposição ao governo de Jânio aumentou.

Praticamente sem apoio e alegando que "forças terríveis" o obrigavam, Jânio renunciou ao cargo no dia 25 de agosto de 1961, após sete meses de governo. O Congresso Nacional aceitou seu pedido de renúncia e Ranieri Mazzilli, presidente da Câmara dos Deputados, assumiu a Presidência, pois o vice, João Goulart, achava-se em visita à China.

O governo do vice João Goulart

Os militares tomaram uma posição contrária à posse de João Goulart, alegando que ele era comunista e, como tal, não poderia governar o Brasil.

A Campanha da Legalidade e o parlamentarismo

O governador do Rio Grande do Sul, Leonel Brizola, aliado ao III Exército, lançou a Campanha da Legalidade, exigindo o cumprimento da Constituição. As emissoras de rádio do Rio Grande do Sul, Santa Catarina e Paraná formaram uma rede convocando o povo a resistir. Várias regiões do país deram seu apoio à campanha, e os militares se viram obrigados a recuar. Porém, para diminuir o poder de Goulart, exigiram que o Congresso aprovasse a introdução do regime parlamentarista no país. O parlamentarismo seria, mais tarde, **referendado** por um **plebiscito**.

O Brasil viveu sob o regime parlamentarista de dezembro de 1961 até janeiro de 1963. Nesse período, a dívida externa cresceu, aumentou a inflação e houve a elevação do custo de vida. Houve muita instabilidade política. Em pouco intervalo de tempo, o Brasil teve quatro primeiros-ministros. Em janeiro de 1963, foi realizado o plebiscito e o povo votou pelo retorno do presidencialismo.

O então governador do Rio Grande do Sul, Leonel Brizola, durante a Campanha da Legalidade, pela posse de João Goulart como presidente da República. Foto de 1961.

Durante a fase presidencialista do governo de Jango, houve agitações sociais, elevação da taxa de inflação e alta do custo de vida. O número de trabalhadores sindicalizados aumentou, e eles se integravam nos movimentos sociais.

O Plano Trienal

A fim de conter a crise econômica, o presidente João Goulart e seu ministro do Planejamento, Celso Furtado, organizaram o Plano Trienal. Os objetivos desse plano eram combater a inflação, retomar o crescimento econômico e renegociar a dívida externa do país. Propunha, entre outras medidas, a reforma agrária, a reforma administrativa, o aumento de vagas nas universidades públicas, a nacionalização de empresas estrangeiras.

Essas reformas iam contra os interesses dos grupos privilegiados da sociedade, particularmente os latifundiários, que não queriam a reforma agrária. Grupos econômicos internacionais também eram contra as reformas. Apesar das pressões internas e externas, o governo conseguiu aprovar uma lei para o controle das remessas dos lucros das multinacionais e o Estatuto do Trabalhador Rural. Os trabalhadores rurais passaram a ter os mesmos direitos dos trabalhadores urbanos: salário mínimo, férias remuneradas, jornada de trabalho de oito horas, direito de organizar sindicatos.

Vários segmentos da sociedade se articularam em defesa dessas reformas: as centrais sindicais, a União Nacional dos Estudantes, os partidos políticos de esquerda e os setores pobres da população rural.

A oposição se organiza

O programa de governo de Goulart gerou ampla discussão no Congresso Nacional e dividiu as correntes políticas do país. As forças conservadoras acusaram o presidente de estar ligado a grupos de esquerda e desencadearam uma campanha contra o governo. Contaram com o apoio da camada dominante, da classe média e de parte dos trabalhadores rurais e urbanos. Com o apoio dos Estados Unidos, empresários e militares planejavam derrubar o governo.

Jango, como era chamado João Goulart, discursa no comício da Central do Brasil, em 13 de março de 1964. A seu lado, dona Maria Tereza, sua mulher.

No dia 13 de março, em frente à Central do Brasil, no Rio de Janeiro, Jango fez um comício para aproximadamente 200 mil pessoas. Prometia continuar lutando por novas reformas que beneficiassem os trabalhadores. Em reação, os conservadores se organizaram e realizaram, no dia 19 do mesmo mês, uma grande passeata pelas ruas de São Paulo, a "Marcha da Família com Deus pela Liberdade", com a participação de 500 mil pessoas e o apoio da Igreja e de empresários.

O golpe militar de 1964

No final de março, os marinheiros e fuzileiros navais fizeram uma reunião política, sem autorização do ministro da Marinha. O presidente interferiu na questão, libertando alguns marinheiros que haviam sido presos. Esse fato agravou ainda mais a situação do presidente junto às Forças Armadas.

Em 31 de março, eclodiu em Minas Gerais uma rebelião militar contra o governo. Essa rebelião foi apoiada pelo chefe do Estado-Maior do Exército, o marechal Castelo Branco, e por governadores de vários estados. João Goulart foi deposto, deixou Brasília, seguindo para o Rio Grande do Sul. No dia 4 de abril, exilou-se no Uruguai. O Congresso declarou vago o cargo de presidente e empossou, provisoriamente, o presidente da Câmara, Ranieri Mazzilli.

1º de abril de 1964: tanques se deslocam em São Paulo, no primeiro dia após a derrubada do governo João Goulart.

Com o golpe de 1964, iniciava-se um período ditatorial que durou 21 anos.

ATIVIDADES

1) Organize uma frase historicamente correta para cada grupo de palavras:

a) Dutra – não intervenção do Estado na economia – dívida externa

_____

b) Juscelino Kubitschek – Plano de Metas – desenvolvimentismo

_____
_____

c) Jânio Quadros – política externa independente – União Soviética

_____
_____

d) João Goulart – reformas de base – oposição – conservadores

_____
_____

2) Que problemas os trabalhadores enfrentaram durante o governo Dutra?

_____
_____
_____

3) Explique, com as suas palavras, o que é o populismo.

_____
_____

4) Caracterize o segundo governo Vargas.

_____
_____
_____
_____

5 Por que Vargas passou a sofrer oposição de alguns setores da sociedade?

_____
_____
_____

6 Explique por que o Plano de Metas do presidente Juscelino prometia "cinquenta anos em cinco".

_____
_____
_____

7 Em relação aos trabalhadores:

a) Que medidas Goulart tomou?

_____
_____

b) Que segmentos da sociedade opuseram-se a essas medidas? Por quê?

_____
_____

Refletindo

8 Converse com os colegas sobre as seguintes questões:

a) Ao assumir o Ministério do Trabalho no governo de Getúlio Vargas (1950-1954), Goulart propôs um aumento de 100% para o salário mínimo. O salário mínimo atual é suficiente para um trabalhador pagar aluguel, morar em um lugar com boas condições, alimentar-se, pagar médico, remédios, vestimenta e tudo mais que for necessário?

b) Leia novamente a carta-testamento de Getúlio Vargas e faça um resumo dos aspectos de seu governo que sofreram oposição. Com base no que aprendeu sobre esse período, a quem ou a que grupos Getúlio se referia ao citar esses itens?

9 O golpe militar de 1964 também é chamado por alguns de revolução. Por que essa controvérsia?

Trabalhando em grupo

10 Analise com seu grupo o texto de José Dantas Filho e Francisco Fernando Monteoliva Doratioto, da página 131. Em seguida, troque ideias com seus colegas, estabelecendo uma comparação com a atual situação dos trabalhadores rurais e a luta pela reforma agrária. Em seguida, escrevam um texto sobre a necessidade ou não de se fazer uma reforma agrária no Brasil.

Capítulo 14
O Estado Autoritário

O fim da democracia

No dia 1º de abril de 1964, o golpe militar dado no dia anterior está vitorioso e três ministros militares assumem o governo. Os partidários dos golpistas comemoram em várias cidades do país. No dia 11, é realizada uma eleição indireta e o marechal Humberto de Alencar Castelo Branco toma posse do Poder Executivo.

Soldados em tanque de guerra chegam ao comício na Central do Brasil, em março de 1964.

Quem está apoiando esse golpe?
Quem comemora?

O golpe recebeu o apoio da elite da sociedade, formada pelos grandes proprietários rurais, donos de indústrias, banqueiros e alguns setores da camada média, e dos Estados Unidos, que declararam o governo militar legítimo. Anular o avanço das forças esquerdistas e nacionalistas no Brasil garantiria uma política favorável aos interesses estadunidenses.

Começa no país um período ditatorial que durou 21 anos. É o fim da democracia tão duramente conquistada. Calam-se as vozes de vários segmentos da sociedade.

O governo militar usa de todos os meios para garantir seu poder. Muitos políticos tiveram seus mandatos cassados, milhares de pessoas foram exiladas, presas ou mortas, entre elas, estudantes, artistas, jornalistas, intelectuais, membros das diretorias de sindicatos, trabalhadores rurais e urbanos.

Prender, exilar, torturar e até mesmo matar os "subversivos" justificava-se em nome da "segurança nacional".

Manifestação estudantil contra a ditadura militar. São Paulo, setembro de 1966.

Confronto de policiais com estudantes da Faculdade de Filosofia da Universidade de São Paulo, que funcionava em um prédio da Rua Maria Antônia, em São Paulo. Foto de 1968.

[...] Recorrendo à repressão, ao estímulo à delação, à censura, à tortura e à morte dos que tentaram se opor ao regime, os militares criaram desde logo o terror.

PAES, Maria Helena Simões. *Em nome da segurança nacional*. São Paulo: Atual, 1995. p. 35. Coleção História em Documentos.

Chico Buarque de Hollanda, em foto dos anos 1970.

Hoje você é quem manda
falou, tá falado
não tem discussão, não
a minha gente hoje anda falando de lado
e olhando pro chão, viu
e você que inventou esse estado
inventou de inventar toda escuridão
você que inventou o pecado
esqueceu de inventar o perdão
Apesar de você amanhã há de ser outro dia

BUARQUE, Chico. Apesar de você. In: *Chico Buarque de Hollanda nº 4*. Philips, 1970. LP.

A censura atinge todos os meios de comunicação: livros, cinema, teatro, televisão, jornais, revistas... Mas será que todas as vozes realmente silenciaram?

Apesar da repressão violenta, os protestos contra o regime militar perduraram. Na foto, um homem, provavelmente policial, apaga pixações políticas em um muro, na cidade de São Paulo, no final da década de 1960.

Em 1968, no Rio de Janeiro, durante o III Festival Internacional da Canção, Geraldo Vandré, com sua música "Caminhando" – o nome realmente era "Pra não dizer que não falei de flores", enfrenta um público de mais de 30 mil pessoas, que ouvem surpresas os seguintes versos:

Caminhando e cantando e seguindo a canção
Somos todos iguais, braços dados ou não,
Nas escolas, nas ruas, campos, construções
Caminhando e cantando e seguindo a canção.

Vem, vamos embora que esperar não é saber
Quem sabe faz a hora, não espera acontecer.
[...]
Há soldados armados, amados ou não,
Quase todos perdidos, de armas na mão.
Nos quartéis lhes ensinam uma antiga lição
De morrer pela pátria e viver sem razão.

Vem, vamos embora que esperar não é saber
Quem sabe faz a hora, não espera acontecer.

O coronel Otávio Costa pediu a prisão de Vandré por subversão.

Em primeiro plano, o cantor Geraldo Vandré. Ao fundo, a polícia desalojando operários das fábricas ocupadas durante a greve de Osasco, SP, julho de 1968. (Montagem.)

Nosso século: 1960-1980. São Paulo: Abril Cultural, 1980. v. 5. p. 154. Texto adaptado.

ATIVIDADES

1 O primeiro presidente do período da ditadura militar foi eleito por via indireta. Quem foi ele?

2 Quem apoiou o golpe militar de 1964?

3 Quais os meios utilizados pelo governo militar para garantir sua permanência no poder?

4 De que forma você acredita que a letra da música "Apesar de você", composta por Chico Buarque de Hollanda, foi interpretada pelo público no trecho que diz: "A minha gente hoje anda falando de lado / e olhando pro chão, viu"?

5 Escreva um pequeno texto interpretando a letra da música "Pra não dizer que não falei de flores", de Geraldo Vandré. Depois, junto com seu grupo, organize um coral ou faça uma dramatização.

Os militares assumem o poder

Após a deposição do presidente João Goulart, uma junta militar, formada pelo general Artur da Costa e Silva, pelo brigadeiro Correia de Melo e pelo almirante Augusto Rademaker, assumiu o governo. Nos primeiros dias do mês de abril, foi assinado o Ato Institucional nº 1 (AI-1). Por ele, foram suspensas as garantias dos cidadãos, funcionários civis e militares foram aposentados e o Poder Executivo adquiriu o direito de cassar mandatos políticos e decretar estado de sítio sem consultar o Congresso.

O Alto Comando das Forças Armadas indicou o nome do marechal Humberto de Alencar Castelo Branco para assumir a Presidência da República. Pressionado, o Congresso Nacional referendou essa escolha.

O governo do marechal Castelo Branco

O marechal Castelo Branco assumiu em 15 de abril de 1964 e governou o Brasil até 1967. Logo nos primeiros dias de seu governo, ordenou a prisão de líderes camponeses, estudantis e operários, demitiu funcionários públicos, fez intervenções em sindicatos.

Houve a cassação dos mandatos de vários políticos, entre eles dos ex-presidentes Juscelino Kubitschek, Jânio Quadros e João Goulart. Foi criado o Serviço Nacional de Informações (SNI), com o objetivo de centralizar todas as informações sobre os "suspeitos".

Em 1965, realizaram-se eleições para governador em 11 estados. O governo perdeu em cinco, entre eles, Minas Gerais e Rio de Janeiro. Com o objetivo de impedir o fortalecimento da oposição, Castelo Branco editou o Ato Institucional nº 2, determinando eleições indiretas para presidente da República e extinguindo os partidos políticos existentes. Posteriormente, foram criados dois novos partidos: a Arena (Aliança Renovadora Nacional), com elementos aliados do governo, e o MDB (Movimento Democrático Brasileiro), partido de oposição.

Os militares assumiram o governo em 1º de abril de 1964. No dia 11, eleito indiretamente pelo Congresso Nacional, Castelo Branco (que nesta foto de 1965 aparece entre o general Costa e Silva, à esquerda, e o marechal Mascarenhas de Morais) torna-se o presidente da República.

Entretanto, os congressistas da oposição não tinham condições de agir. No momento em que alguns parlamentares resistiram a novas cassações, o Congresso foi fechado. Novos atos institucionais foram editados. Pelo AI-3, os governadores dos estados também passaram a ser eleitos por via indireta. O AI-4 deu ao Executivo o direito de elaborar uma Constituição.

Desfalcado de alguns parlamentares, no início de 1967, o Congresso foi reaberto e aprovou uma nova Constituição elaborada por juristas do governo. A Carta Constitucional fortaleceu o Poder Executivo, estabeleceu eleições indiretas, com voto nominal, para presidentes, diminuiu a autonomia dos estados e enfraqueceu o Congresso. Instituiu, ainda, um Tribunal Militar para julgar os civis.

A política econômica de Castelo Branco

O governo federal procurou controlar a inflação, já bastante alta. Para tanto, os ministros da área econômica adotaram medidas no sentido de reduzir as despesas do Estado e aumentaram as tarifas públicas. Foi criado o Banco Nacional de Habitação (BNH), para desenvolver a área da construção civil. Houve redução de crédito para os empresários e os trabalhadores sofreram um arrocho salarial. A diminuição do crédito levou várias empresas à falência e muitos trabalhadores ficaram desempregados.

Contudo, essa política econômica favoreceu a negociação do governo com o FMI (Fundo Monetário Internacional), permitindo a obtenção de empréstimos. Os Estados Unidos renegociaram a dívida externa do Brasil e várias empresas instalaram-se no país.

A sucessão presidencial

A sucessão de Castelo Branco foi decidida pelo Alto Comando Militar. No dia 3 de outubro de 1966, realizaram-se eleições indiretas para a Presidência. Os deputados e senadores da oposição, em protesto, retiraram-se do Congresso. Mesmo assim, o general Artur da Costa e Silva, representante dos radicais "linha-dura" do Exército, foi eleito.

O governo do general Costa e Silva

O general Artur da Costa e Silva governou de 1967 a 1969. Desde o início, teve de enfrentar inúmeras manifestações contra o governo em todo o país.

Políticos cassados pelo regime militar, tendo à frente Carlos Lacerda, organizaram a **Frente Ampla**, com o objetivo de lutar pela volta da democracia. Essa frente contou com a adesão de políticos da oposição, trabalhadores e estudantes.

No ano de 1968, ocorreram inúmeras manifestações de protesto. No mês de março, no Rio de Janeiro, os estudantes organizaram uma grande passeata e, para impedi-los, um pelotão da Política Militar cercou o local onde estavam reunidos. No conflito, foi morto o estudante secundarista Edson Luís. Seu corpo, levado pelos colegas, foi velado na Assembleia Legislativa. Durante o velório e o sepultamento, 50 mil pessoas protestaram contra o governo.

Novos confrontos entre polícia e manifestantes ocorreram em vários pontos do país. No Rio de Janeiro, estudantes, padres, intelectuais e artistas realizaram uma grande passeata, com cerca de 100 mil pessoas, exigindo o fim da ditadura.

General Arthur da Costa e Silva, em foto de 1965.

Nesse mesmo ano, também ressurgiram os movimentos operários. Reivindicando melhores salários, estouraram duas grandes greves: uma, na cidade industrial de Contagem, em Minas Gerais; outra, em Osasco, no estado de São Paulo. A polícia reprimiu com violência os movimentos grevistas, prendendo muitos líderes.

Ato Institucional nº 5

Diante do grande volume de manifestações, o governo tomou medidas endurecendo ainda mais o regime. Fechou o Congresso Nacional e, no dia 13 de dezembro de 1968, editou o Ato Institucional nº 5, o mais severo de todos. Inúmeros políticos tiveram seus mandatos cassados, o Congresso Nacional foi colocado em recesso e foram suspensas as garantias individuais. Ficaram proibidos os protestos e a imprensa passou a sofrer uma rígida censura. Ocorreram inúmeras prisões e a oposição praticamente silenciou.

Uma pequena parcela dessa oposição decidiu enfrentar o governo por meio da luta armada. Com esse objetivo, formaram-se vários grupos: ALN (Aliança Libertadora Nacional), tendo à frente Carlos Marighela; PCBR (Partido Comunista Brasileiro Revolucionário); VPR (Vanguarda Popular Revolucionária); Var-Palmares (Vanguarda Armada Revolucionária – Palmares); MR-8 (Movimento Revolucionário 8 de Outubro).

Costa e Silva deixa o poder

Em agosto de 1969, por motivo de doença, Costa e Silva afastou-se do poder. O vice-presidente, Pedro Aleixo, um civil, foi impedido de assumir. Uma junta militar composta pelo general Lira Tavares, pelo almirante Augusto Rademaker e pelo brigadeiro Márcio de Souza Melo ficou no poder até o mês de outubro desse ano. Essa junta outorgou uma reforma à Constituição estabelecendo: mandato presidencial de cinco anos, manutenção de todos os atos institucionais decretados depois de 1967, pena de morte e banimento do território nacional para os casos de subversão.

Emílio Garrastazu Médici foi o general indicado para assumir a Presidência da República. Seu nome foi referendado pelo Congresso Nacional, reaberto três dias antes.

O governo do general Médici

O general Médici tomou posse em 30 de outubro de 1969. Seu governo marcou um endurecimento maior do regime militar. As perseguições políticas tornaram-se ainda mais violentas.

A imprensa e todos os meios de comunicação passaram a ser rigorosamente censurados. Só eram publicadas as notícias aprovadas pelos censores. Todos os livros, letras de música, peças teatrais e filmes considerados **subversivos** foram proibidos. As torturas e mortes, que ocorriam nos órgãos de repressão, tampouco eram divulgadas.

Alguns jornais e revistas reagiam à censura. No espaço das reportagens censuradas, o jornal O Estado de S. Paulo publicava versos de Camões; o Jornal da Tarde, receitas culinárias; e a revista Veja, o logotipo da editora. Havia uma imprensa alternativa, que denunciava as ações do governo, da qual faziam parte periódicos como O Pasquim, Opinião e Movimento.

General Emílio Garrastazu Médici, em foto de 1998.

A guerrilha urbana continuou atuando. Para conseguir a libertação de presos políticos e chamar a atenção dos órgãos internacionais sobre o desrespeito aos direitos humanos no Brasil, promoveu o sequestro de vários diplomatas.

Um grupo ligado ao PC do B organizou, no início da década de 1970, um movimento guerrilheiro na região do Araguaia (sul do Pará). Os participantes foram mortos depois de resistir a um cerco de três anos. No governo Médici, e em menor escala no governo seguinte (Ernesto Geisel), esses grupos identificados com a guerrilha urbana e rural foram sendo progressivamente eliminados.

O "milagre econômico"

O rápido crescimento da economia brasileira, sob a direção do ministro da Fazenda, Delfim Neto, ocorrido no final do governo Costa e Silva e no início do governo Médici, recebeu a denominação de "milagre econômico". Militares, empresas internacionais, banqueiros, industriais e exportadores viveram um momento de grande euforia.

Vários países consideravam que aplicar capitais no Brasil era vantajoso, pois a mão de obra era barata, havia riquezas minerais e o governo brasileiro oferecia vantagens, como a livre remessa de lucros. Empresas multinacionais norte-americanas e europeias investiram na Amazônia, na produção de ferro, na extração de madeira e em projetos agropecuários. Por sua vez, o governo brasileiro promovia a construção de portos e rodovias para facilitar o escoamento da produção.

Houve o aumento e a diversificação das exportações. O Brasil exportava carne, soja, açúcar, café, algodão, minérios, calçados, rádios, televisores etc. Para ampliar o comércio interno, o governo incentivou o consumo das classes alta e média. Isso foi conseguido por meio da propaganda e da abertura do financiamento para a compra da casa própria, de automóveis e eletrodomésticos.

A propaganda política exaltava o crescimento do país: "Ninguém segura este país", "Pra frente, Brasil", "Você constrói o Brasil".

Se, de um lado, o "milagre econômico" modernizou o país, de outro, levou a um empobrecimento do povo, pois a renda ficou concentrada nas mãos de poucos. Os ricos ficaram mais ricos e os pobres, mais pobres.

Quem sofreu com o "milagre" foi a classe trabalhadora, pois perdeu a estabilidade no emprego e o direito de negociar o salário com o empregador. Mais da metade dos trabalhadores ganhava menos de um salário mínimo.

No meio rural, o desemprego aumentou devido à mecanização da agricultura. Os camponeses, desempregados, migraram para a Região Sudeste, para conseguir trabalho. Nas cidades, sua mão de obra era utilizada em serviços que não exigiam qualificação; no campo, passaram a ter empregos temporários nas épocas de plantação e colheita.

No final de 1973, esse modelo político e econômico já estava esgotado. A diminuição dos lucros em alguns setores da economia, a retração dos investimentos e a inflação, que repercutia diretamente no custo de vida, abalaram o "milagre econômico".

O governo Geisel

O general Ernesto Geisel assumiu em 1974 com o projeto de realizar a "**distensão** lenta, segura e gradual" do regime autoritário. Ao iniciar seu governo, a economia já estava em crise e a política governamental era criticada por todos os setores da sociedade.

O governo promoveu grandes obras, como a construção da Usina Atômica de Angra dos Reis, das hidrelétricas de Itaipu e Tucuruí, da Ferrovia do Aço, ligando Belo Horizonte ao Porto de Volta Redonda; implantou o Programa Nacional do Álcool, que incentivava o uso do álcool como combustível.

Contudo, Geisel não teve condições de cumprir suas promessas de distensão gradativa do regime político e manutenção do crescimento econômico. Representantes da "linha dura" não aceitavam o abrandamento do regime, e os órgãos de repressão continuaram agindo.

Ernesto Geisel, em pronunciamento à nação, em 1976.

Wladimir Herzog, jornalista da TV Cultura, foi morto durante interrogatórios e torturas no DOI-Codi (DOI – Destacamento de Operações e Informações Codi – Centro de Operações e Defesa Interna), em outubro de 1975. A versão oficial foi a de que ele havia cometido suicídio, por enforcamento. Um ano depois, morreu sob tortura o operário Manuel Fiel Filho. Geisel afastou o comandante do II Exército, libertou alguns presos políticos e restringiu a censura à imprensa.

Frente ao crescimento da oposição, Geisel decretou, em 1977, o Pacote de Abril. O mandato presidencial passou a ser de seis anos, foram mantidas as eleições indiretas para governadores e foram criados os "senadores biônicos", ou seja, nomeados pelo governo.

A oposição continuou resistindo. Em 1978, iniciou-se a luta pela anistia ampla, geral e irrestrita, ocorreram greves de trabalhadores por aumento de salário e denúncia de desaparecimento de presos políticos. Em virtude das pressões e da crise econômica, Geisel, no final de seu governo, revogou o AI-5 (janeiro de 1979) e determinou o fim da censura no Brasil.

O governo Figueiredo

O general João Baptista Figueiredo foi indicado para substituir Geisel e prosseguir o projeto de abertura política. Em agosto de 1979, foi aprovada a Lei de Anistia, que libertava os condenados por crime político e permitia a volta dos exilados políticos. Os acusados de crimes de terrorismo e sequestro não foram anistiados.

João Baptista Figueiredo em São Paulo, no ano de 1984.

O governo forçou uma reforma partidária, cujo objetivo era dividir a oposição. No final de 1979, foram extintos os dois partidos políticos existentes, Arena e MDB, e criados novos partidos:

- **PDS** (Partido Democrático Social), formado por políticos da Arena;
- **PMDB** (Partido do Movimento Democrático Brasileiro), com a maioria de elementos do MDB;
- **PTB** (Partido Trabalhista Brasileiro);
- **PDT** (Partido Democrático Trabalhista);
- **PT** (Partido dos Trabalhadores), criado por líderes sindicais, com a participação da Igreja católica e de setores da esquerda.

Em 1980, foi aprovada a emenda que restabeleceu as eleições diretas para os governadores estaduais. Entretanto, grupos de direita reagiram, inconformados com a abertura política. Executaram vários atentados a bomba em entidades de direitos humanos, na Câmara do Rio de Janeiro, na sede da OAB, em bancas que vendiam jornais de esquerda. Esses crimes não eram esclarecidos pelas autoridades.

No dia 1º de maio de 1981, quando se realizava um grande espetáculo comemorativo ao Dia do Trabalho, no Rio Centro, Rio de Janeiro, com a presença de 20 mil pessoas, uma bomba foi levada ao local por um capitão do Exército e um sargento. No entanto, o atentado não chegou a se concretizar, pois a bomba explodiu no carro dos militares.

Em 15 de novembro de 1982, foram realizadas em todo o país eleições para governadores, senadores, deputados federais e estaduais, prefeitos e vereadores. O governo sofreu uma expressiva derrota.

A ditadura estava chegando ao fim. Em meados de 1983, teve início uma campanha que envolveu vários segmentos da sociedade para o restabelecimento das eleições diretas para presidente. Essa campanha representou um golpe fatal no regime militar.

ATIVIDADES

1) Procure saber e escreva o que é um Ato Institucional. Depois, faça um quadro-resumo do que estabeleciam os atos institucionais nº 1, 2, 3 e 4.

2) Caracterize o AI-5 e o contexto de sua edição.

3) Sobre o "milagre econômico", explique:

   a) o que foi?

b) que fatores permitiram que ele ocorresse?

_____

_____

c) o que aconteceu na economia?

_____

_____

_____

d) o que aconteceu com os trabalhadores e o povo em geral?

_____

_____

_____

e) que fatores o abalaram?

_____

_____

_____

Refletindo

4 Imagine a seguinte situação: hoje é dia 1º de abril de 1964. Três militares assumem o governo do país, impondo a ditadura. A repressão a qualquer manifestação é total. Você é um estudante e participa de passeatas e reuniões. Consegue escapar das forças de repressão, mas alguns colegas seus são presos e torturados. Você resolve registrar num diário os principais acontecimentos desses anos de medo. Escreva duas páginas do diário contando os acontecimentos principais desse período da ditadura no nosso país e exponha-as no mural da classe. Leia o que os colegas escreveram, observando as semelhanças e as diferenças entre os diários.

5 Entreviste uma pessoa mais velha que tenha vivido esse período da nossa história. Você pode perguntar:

a) Quantos anos você tinha quando se iniciou o governo ditatorial de Castelo Branco, em 1964?

b) Você participou de alguma manifestação contra a ditadura?

c) Você sofreu ou conheceu alguém que tenha sofrido alguma repressão? De que tipo?

d) Como era viver naquela época, sem liberdade?

Converse sobre o resultado da entrevista com o resto da classe.

6 Compare a situação dos trabalhadores no regime militar com a situação deles atualmente. Converse com os colegas sobre o que permaneceu e o que mudou.

7 Imagine que alguém lhe perguntasse o seguinte: se pudesse escolher, que época da nossa história, anterior à época de hoje, você gostaria de ter vivido? Por quê?

_____

_____

_____

_____

Pesquisando

8 Pesquise sobre músicas, livros, peças de teatro que foram censurados na época da ditadura. Procure saber os autores e o assunto tratado. Troque as informações obtidas com o resto da classe.

Trabalhando em grupo

9 Durante o regime militar, as prisões eram muitas e feitas de forma arbitrária. A qualquer hora do dia ou da noite, os considerados suspeitos eram retirados dos locais onde estavam pelas forças policiais.

O compositor Chico Buarque de Hollanda (usando o pseudônimo Julinho da Adelaide) e Leonel Paiva retratam bem essa situação na letra da música "Acorda amor", de 1974. Em função da situação da época, leia e interprete, com o seu grupo, a letra dessa música.

Acorda amor

Acorda amor
eu tive um pesadelo agora
sonhei que tinha gente lá fora
batendo no portão – que aflição

Era a dura
numa muito escura viatura
minha nossa, santa criatura
chame, chame lá
Chame, chame o ladrão, chame o ladrão

Acorda amor
não é mais pesadelo nada
tem gente já no vão da escada
fazendo confusão, que aflição

São os homens e eu aqui parado de pijama
eu não gosto de passar vexame
chame, chame, chame
Chame o ladrão, chame o ladrão

Se eu demorar uns meses
convém, às vezes, você sofrer
mas depois de um ano eu não vindo
põe a roupa de domingo e pode me esquecer.

Acorda, amor
que o bicho é brabo e não sossega
se você corre o bicho pega
se fica não sei não

Atenção, não demora
dia desse chega a sua hora
não discuta à toa não reclame
chame, chame lá, clame, chame
chameoladrão,chameoladrão,chameoladrão
não esqueça a escova, o sabonete, o violão

HOLLANDA, Chico Buarque de; PAIVA, Leonel. Acorda Amor. In: *Sinal fechado*. Universal Music, 1974. LP.

Capítulo 15

A NOVA REPÚBLICA

O retorno da democracia

O mandato do presidente João Figueiredo está para terminar. Em meados de 1983, o Brasil passa a viver um importante momento político, com a eclosão de um grande movimento popular, conhecido como movimento das Diretas Já.

O deputado Dante de Oliveira apresenta uma emenda constitucional propondo eleições diretas para o cargo de presidente da República. Manifestações ocorrem em todo o país. No dia 25 de janeiro de 1984, os paulistas são convocados por um panfleto que dizia: "Quando o povo se reúne para defender uma causa, não há força capaz de resistir".

Milhares de pessoas na Praça da Sé, no dia 16 de abril de 1984, aguardam o resultado da votação da emenda das Diretas Já.

Cem mil pessoas atendem ao chamado e vão à praça da Sé. O amarelo, cor símbolo da campanha, predomina. Nas semanas seguintes, em várias cidades do Brasil, o fenômeno se repete, mobilizando políticos, jornalistas, religiosos, trabalhadores, estudantes, artistas. Apesar disso, a emenda das Diretas Já é derrotada no Congresso Nacional. O presidente da República será eleito por um Colégio Eleitoral.

Figueiredo não consegue impor um militar para sua sucessão. O partido do governo lança a candidatura de Paulo Maluf e a oposição indica Tancredo Neves, que vence.

Tancredo Neves e Fernando Henrique Cardoso em 1985.

A ditadura militar chega ao seu fim. Há tantas coisas a fazer, tantos problemas a resolver. Mas os brasileiros têm novamente a sua cidadania garantida.

> [...]
> Cidadania é o direito de ter uma ideia e poder expressá-la. É votar em quem quiser sem constrangimento. É processar um médico que cometa um erro. É devolver um produto estragado e receber o dinheiro de volta. É o direito de ser negro sem ser discriminado, de praticar uma religião sem ser perseguido.
>
> Há detalhes que parecem insignificantes, mas revelam estágios de cidadania: respeitar o sinal vermelho no trânsito, não jogar papel na rua, não destruir telefones públicos. Por trás desse comportamento, está o respeito à coisa pública.
>
> O direito de ter direito é uma conquista da humanidade.
>
> DIMENSTEIN, Gilberto. *O cidadão de papel*. São Paulo: Ática, 2001. p. 29.

ATIVIDADES

1) O ano de 1983 foi marcado por um acontecimento fundamental para o retorno da democracia no Brasil. Que acontecimento foi esse?

_____

_____

2) Explique como você entende a frase: "Quando o povo se reúne para defender uma causa, não há força capaz de resistir".

_____

_____

3 A emenda propondo eleições diretas foi derrotada no Congresso Nacional. Apesar da derrota, o governo militar saiu realmente vitorioso? Explique o que aconteceu.

4 Herbert de Souza, o Betinho, sociólogo e um dos que mais lutaram pelos direitos humanos no Brasil, afirmou, quando Tancredo Neves foi eleito: "Agora devemos construir a democracia". O que isso quer dizer?

5 Cidadania implica não só direitos, como também deveres. Quais são eles?

O presidente morre, o vice governa

Na noite anterior à posse do novo presidente, 14 de março, Tancredo, muito doente, foi internado no Hospital de Base de Brasília. Transferido para São Paulo, faleceu no dia 21 de abril. José Sarney, o vice, assumiu a Presidência da República, dando início a uma fase denominada **Nova República**.

A fim de eliminar o caráter autoritário da Constituição de 1967, o presidente enviou ao Congresso várias emendas constitucionais. Pelas emendas aprovadas:

- as eleições passavam a ser diretas para presidente e para prefeitos das capitais e das áreas de segurança nacional;
- o mandato presidencial passava a ser de cinco anos;
- os analfabetos passavam a ter direito de voto;
- era dada liberdade de criação de partidos políticos;
- o Distrito Federal passou a ter representação política.

O presidente fez a convocação da Assembleia Nacional Constituinte, encarregada de elaborar uma nova Constituição para o país.

José Sarney (à esquerda) e Tancredo Neves em 1984, quando eram ainda candidatos indiretos à Vice-Presidência e Presidência da República.

A Constituição de 1988

A Constituição promulgada em 5 de outubro de 1988 devolveu ao país a democracia. O povo participou de sua elaboração, com abaixo-assinados conduzidos por entidades religiosas, sindicatos de classe e outros segmentos da sociedade. Por ela:

- os trabalhadores passaram a ter novos direitos: ampliação da licença-maternidade; redução da jornada de trabalho de 48 para 44 horas semanais; abono de férias de um terço do seu salário e 13º salário aos aposentados;
- a censura foi abolida;
- o direito de voto foi estendido aos analfabetos, tornando-se facultativo para jovens entre 16 e 18 anos de idade;
- as eleições passaram a ser realizadas em dois turnos para os cargos de presidente, governador e prefeito, em cidades com mais de 200 mil eleitores, se o candidato vencedor não ultrapassasse 50% dos votos. O mandato do presidente foi reduzido para quatro anos;
- em relação à família, a Constituição aprovou o divórcio e estabeleceu os direitos da criança e do adolescente;
- a prática do racismo passou a ser crime **inafiançável**, sujeito à pena de reclusão;
- os indígenas tiveram reconhecidos seus direitos sobre as terras que ocupam, cabendo à União a demarcação e a proteção dessas terras e suas riquezas.

> A consciência da discriminação racial surge, particularmente, em torno de 1988, com uma nova disposição de lutar contra diferenças herdadas do passado escravista do país. São inúmeras organizações de mobilização e auxílio às vítimas de discriminação, procurando colocar em prática o dispositivo da Constituição de 1988 que estabelece o racismo como crime inafiançável. Dramaticamente são as autoridades policiais que mais discriminam – as famosas "revistas" ou blitz que só se ocupam com negros – muitas vezes se negando a registrar queixas por racismo.
>
> SILVA, Francisco Carlos Teixeira da. Brasil, em direção ao século XXI. In: *História Geral do Brasil*. Rio de Janeiro: Campus, 1990. p. 370.

Planos de estabilização econômica

Uma inflação que atingia o índice de 25% ao mês criava sérias dificuldades econômicas para o país. O então ministro da Fazenda, Dilson Funaro, elaborou um plano econômico, que foi anunciado pelo presidente Sarney no dia 28 de fevereiro de 1986. Por esse Plano de Estabilização Econômica, mais conhecido como **Plano Cruzado**, os preços e os salários foram congelados, ou seja, não poderiam sofrer elevação. Houve o tabelamento dos preços de vários produtos, principalmente alimentícios. A moeda que circulava no país, o cruzeiro, foi substituída por uma nova, que passou a ser chamada de cruzado. Um cruzado valia mil cruzeiros.

O Plano Cruzado contou com o apoio da sociedade e, durante algum tempo, seus resultados foram positivos. Porém, para fugir do congelamento dos preços, muitos produtos deixaram de ser comercializados ou os fabricantes faziam pequenas alterações no conteúdo ou na embalagem, para poder vendê-los a preços mais altos. O plano acabou fracassando e a inflação voltou a subir.

O governo tentou novos planos econômicos, mas nenhum deles deu bons resultados, e a situação econômica e financeira do país se agravou.

Em janeiro de 1989, com o ministro Mailson da Nóbrega, entrou em vigor o **Plano Verão**, e a moeda passou a se chamar cruzado novo. Esse novo plano também não funcionou, e a inflação voltou a subir, atingindo o índice anual de 4 853%. Ao mesmo tempo, houve o crescimento das dívidas interna e externa. Em razão disso, o país ficou desacreditado no exterior, o que provocou a diminuição dos investimentos estrangeiros.

No final do mandato, o governo Sarney estava desacreditado. Além da crise econômica, havia denúncias de corrupção no governo, greves, assassinatos de trabalhadores rurais e aumento da criminalidade. A oposição se fortaleceu.

No final do ano de 1989, depois de 29 anos, realizaram-se eleições diretas para a Presidência da República. Saíram vitoriosos, no primeiro turno, Fernando Collor de Mello, do **PRN** (Partido da Reconstrução Nacional), e Luiz Inácio Lula da Silva, do **PT** (Partido dos Trabalhadores).

Fernando Collor de Mello em comício na cidade de Juazeiro do Norte, CE, em abril de 1991.

Em sua campanha política, Fernando Collor prometia moralizar a vida pública e dar melhores condições de vida aos pobres, os "descamisados", como dizia. Com essa campanha com forte apelo popular e o apoio da imprensa, principalmente de redes de televisão, Collor venceu o segundo turno.

O governo Collor

Collor assumiu a Presidência em março de 1990. No dia seguinte à sua posse, anunciou um novo plano econômico, o **Plano Collor**. Elaborado por uma equipe econômica, sob a direção da ministra Zélia Cardoso de Mello, estabelecia:
- que a moeda nacional voltava a ser o cruzeiro;
- o congelamento dos preços e dos salários;
- o bloqueio, por 18 meses, dos valores das contas correntes e cadernetas de poupança superiores a 50 mil cruzeiros.

Nos primeiros meses, a inflação foi baixa, mas logo voltou a subir. Em 1991, a ministra Zélia demitiu-se do cargo, ao mesmo tempo que pessoas ligadas ao governo sofriam denúncias de corrupção. O caso mais grave envolvia o tesoureiro da campanha eleitoral de Collor, Paulo César Farias, conhecido como PC. A situação se agravou quando o irmão do presidente, Pedro Collor, declarou que Fernando Collor estava ligado ao esquema de corrupção.

Essas denúncias, a grave crise de desemprego e a miséria em que vivia grande parte da população brasileira provocaram um profundo descontentamento em relação ao governo Collor, fortalecendo a oposição. Foi organizado o Movimento pela **Ética** na Política, que forçou os políticos a instalarem uma CPI (Comissão Parlamentar de Inquérito) para apurar o envolvimento do presidente no esquema de corrupção. As investigações e os depoimentos de várias pessoas confirmaram seu comprometimento.

"Caras-pintadas", estudantes que pintaram o rosto de verde e amarelo, destacaram-se nas manifestações contra Collor, em 1992.

Pelos resultados da CPI, a Ordem dos Advogados do Brasil (OAB) entrou no Congresso com o pedido de *impeachment* (impedimento, em inglês) do presidente. Manifestações de apoio ao *impeachment* foram organizadas em todo o país. Milhares de pessoas saíram para as ruas, inclusive os "caras-pintadas" (estudantes com os rostos pintados), gritando: "Fora, Collor".

No dia 9 de setembro de 1992, a Câmara autorizou a abertura de um processo contra Collor. Ele foi afastado do cargo, assumindo o vice-presidente Itamar Franco. No dia 29 de dezembro, o Senado reuniu-se para julgar o presidente. Informado de que não seria absolvido, Fernando Collor renunciou.

O governo de Itamar Franco

Itamar Franco, ao assumir a Presidência da República, tinha em suas mãos vários problemas a serem resolvidos. Grande parte da população brasileira havia empobrecido e a renda estava concentrada nas mãos de poucos. Ao lado disso, os índices da inflação brasileira estavam entre os maiores do mundo. O presidente tentou tomar medidas para reduzir a inflação. Houve uma sucessão de ministros da Fazenda, mas não foram conseguidos resultados positivos.

Em maio de 1993, o presidente escolheu o sociólogo Fernando Henrique Cardoso para ocupar o Ministério da Fazenda. O ministro, com um grupo de economistas, elaborou um plano de estabilização econômica, que ficou conhecido como **Plano Real**. Foi instituída uma nova moeda, o cruzeiro real, que cortava três zeros do cruzeiro. Posteriormente, essa moeda foi substituída por outra, o **real**.

O ex-presidente Itamar Franco em foto de 1999, quando era governador de Minas Gerais.

Houve a queda da inflação e a valorização da nova moeda. As pessoas de baixa renda, sem o salário corroído pela inflação, tiveram seu **poder aquisitivo** aumentado. O consumo cresceu, estimulando a produção. No ano seguinte, foram tomadas medidas facilitando as importações.

Nesse mesmo ano, teve início a campanha para a sucessão presidencial. As eleições se realizariam no dia 3 de outubro. Fernando Henrique deixou o Ministério da Fazenda para se candidatar, pelo PSDB.

Prometendo dar continuidade às reformas econômicas e com o apoio de grandes empresários, latifundiários e muitas empresas de comunicação, Fernando Henrique venceu as eleições ainda no primeiro turno.

O governo Fernando Henrique

Fernando Henrique tomou posse no dia 1º de janeiro de 1995, tendo como metas manter a inflação baixa, sanear as contas públicas, privatizar empresas estatais, dar atenção às áreas da saúde, educação, agricultura e buscar a integração da economia brasileira no mercado internacional.

No período que vai do início de seu governo até o final do ano de 1998, a inflação permaneceu baixa, favorecendo as camadas mais pobres da população, que podiam consumir mais. Porém, para garantir esses índices de inflação, o governo cortou investimentos. Muitas empresas que dependiam dos investimentos do Estado reduziram a produção e dispensaram trabalhadores. Assim, houve significativo aumento do desemprego.

Para reduzir as despesas do Estado, Fernando Henrique promoveu a privatização de várias empresas estatais. No entanto, o resultado foi um aumento enorme da dívida pública, uma participação cada vez maior do capital estrangeiro na economia brasileira e um início de estagnação econômica. Com isso, o desemprego aumentou mais ainda, atingindo índices preocupantes. Os problemas sociais se agravaram.

Em 1997, o presidente Fernando Henrique conseguiu que o Congresso aprovasse uma emenda constitucional permitindo a reeleição dos executivos, em todos os níveis: federal, estadual e municipal.

No final do ano de 1998, ocorreram eleições no Brasil para a Presidência da República, governos de estado e cargos legislativos estadual e federal. Nessas eleições, a população reelegeu Fernando Henrique Cardoso para o mandato de 1999 a 2002.

Fernando Henrique Cardoso, ou FHC como costumava ser chamado, em foto de 2006.

Muitos estados não tiveram seus governadores reeleitos e houve significativa mudança na composição partidária do Congresso Nacional.

Apesar do relativo sucesso político-econômico de seu primeiro mandato, com o Plano Real, o governo de FHC sofreria alguns baques no segundo. Embora as crises econômicas, geralmente provocadas por questões externas, tenham sido contornadas, a transparência do governo foi comprometida por escândalos políticos e financeiros, que, contudo, não envolviam o presidente, como no caso do desvio de verbas da extinta Sudam (Superintendência para o Desenvolvimento da Amazônia) que provocou a renúncia de presidentes do Senado.

O desgaste político do governo aumentou com a elevada dívida pública e a falta de investimentos em setores importantes, como o de produção e transmissão de energia elétrica, o que ocasionou um racionamento de consumo.

Mediante essa situação, a oposição teve mais força nas eleições presidenciais de 2002.

Muitos problemas do Brasil continuaram, principalmente na área social, à espera de soluções. Em 2002, com 52 milhões de votos e 61% do total, foi eleito o candidato do Partido dos Trabalhadores, Luiz Inácio Lula da Silva.

O governo Lula

Lula assumiu a Presidência da República em 2003, e uma de suas primeiras medidas foi implantar no país o programa **Fome Zero**, com o objetivo de atender às necessidades mínimas de sobrevivência de famílias de baixa renda.

Seu primeiro ano de governo foi marcado por significativa mudança na política externa, com constantes viagens do presidente a países do Terceiro Mundo, para estabelecer acordos comerciais e políticos. Internamente, destacou-se, por exemplo, a aprovação do Estatuto do Idoso, aprovado pelo Congresso Nacional, e outras medidas voltadas para a inclusão social e a construção da cidadania.

Em 2005, uma crise política abalou o governo. A crise ficou conhecida como "mensalão", um esquema de compra de votos de parlamentares. O escândalo foi desencadeado pelas revelações do ex-deputado Roberto Jefferson, do PTB do Rio de Janeiro, e foi mais chocante porque o Partido dos Trabalhadores sempre cultivou uma imagem de partido ético. A corrupção manchou a imagem do partido do presidente da República.

A pressão da oposição levou à cassação de mandatos de deputados e a renúncia de outros para não perderem seus direitos políticos.

Entretanto, o governo teve muito êxito no setor econômico, que contabilizou saldo positivo das exportações brasileiras e fortalecimento do Mercosul.

Lula foi reeleito em 2006 com mais de 60% dos votos no segundo turno. Em seu primeiro discurso após a reeleição, afirmou que pretendia elevar o Brasil ao patamar de país desenvolvido.

Em 2007, o governo federal apresentou ao país o Plano de Aceleração do Crescimento (PAC), a fim de aumentar a taxa de investimento da economia brasileira em infraestrutura e um conjunto de medidas de incentivo e facilitação do investimento privado. O programa previa, também, melhoria na qualidade do gasto público, com a contenção do gasto corrente e o aperfeiçoamento da gestão pública, tanto no orçamento fiscal quanto no orçamento da previdência e seguridade social.

Luiz Inácio Lula da Silva, no dia de sua posse no Palácio do Planalto, em Brasília, DF, em 1º de janeiro de 2003.

A avaliação positiva do governo ao longo dos dois mandatos se manteve muita alta, provavelmente em função do desempenho da economia e dos seus programas sociais que contribuíram para tirar da miséria milhões de brasileiros.

Os índices apontavam o crescimento da capacidade de compra dos grupos sociais de baixa renda. No entanto, em 2008, até mesmo os setores governamentais reconheciam que, embora tivessem ocorrido mudanças significativas no âmbito social, havia muito ainda a ser feito em relação à violência, ao desemprego, à concentração fundiária e aos problemas educacionais.

A necessidade de se investir em uma educação de qualidade para a contínua formação de cidadãos conscientes de seus direitos e deveres, bem preparados para ajudar a construir um Brasil cada vez melhor persiste até os dias atuais.

> A minha intenção é estimular todos os setores do país a participarem deste esforço de aceleração do crescimento, pois uma tarefa dessas não pode ser uma atitude isolada de um governo – mas de toda a sociedade. Um governo pode tomar a iniciativa, pode criar os meios, mas para que qualquer projeto amplo tenha sucesso é preciso o engajamento de todos.
> Luiz Inácio Lula da Silva - Presidente da República
>
> Disponível em: <www.fazenda.gov.br/portugues/releases/2007/pac.asp>. Acesso em: jul. 2012.

O governo Dilma Rousseff

Em 2010, o Partido dos Trabalhadores, PT, apresentou como candidata à Presidência da República a ex-ministra das Minas e Energia e ex-ministra chefe da Casa Civil do governo Lula: Dilma Rousseff. Ela enfrentou o candidato José Serra, do PSDB, e venceu as eleições, tomando posse como a primeira mulher a assumir tal cargo no Brasil, em 2011.

Dilma tomou posse em 1º de janeiro de 2011 com um programa de governo que dava continuidade à política dos dois governos anteriores do presidente Lula.

Dilma Rousseff foi a primeira mulher a ser eleita presidenta do Brasil. Foto oficial, 2011.

ATIVIDADES

1 Imagine a seguinte situação:
Hoje é dia 15 de janeiro de 1985. O regime militar finalmente chega ao fim.
Escreva nova página de seu diário contando os fatos que levaram ao fim da ditadura; a participação do povo, dos artistas, da imprensa; a alegria de todos nesse dia, após 21 anos de ditadura, de falta de liberdade.

2 Quais os novos direitos que a Constituição de 1988 garantiu aos trabalhadores?

_____

_____

_____

3 Em 1988, o cartunista Miguel Paiva fez esta charge para o jornal *O Estado de S. Paulo*. Comente-a. Qual a crítica referente à Constituição de 1988?

> Miguel Paiva
>
> TODO BRASILEIRO TEM DIREITO À MORADIA...
>
> AGORA LÊ AQUELE PEDAÇO BONITO QUE FALA DE COMIDA; SAÚDE...

Charge de Miguel Paiva no jornal *O Estado de S. Paulo* de 5 de outubro de 1988.

_____

_____

_____

_____

4 Faça um quadro-resumo dos planos econômicos que se sucederam no Brasil: Plano Cruzado, Plano Collor, Plano Real. Identifique as semelhanças e diferenças entre eles.

Refletindo

5 Explique o que é um impeachment, com base no caso de Fernando Collor, comentando como foi o processo de perda do mandato dele.

_____

_____

_____

6 Marque abaixo os principais desafios enfrentados por Itamar Franco, ao assumir a Presidência no lugar de Collor.

( ) Empobrecimento da população.
( ) Falta d'água nas grandes cidades.
( ) Concentração de renda nas mãos de poucos.
( ) Um dos maiores índices de inflação do mundo.
( ) Alto índice de violência.

7 Embora tenha resolvido problemas econômicos, o governo Fernando Henrique sofreu desgastes por crises em outras áreas. Cite algumas delas?

_____

_____

8 Sobre o governo Lula, assinale V para verdadeiro e F para falso.

( ) Uma das primeiras medidas de Lula na Presidência da República foi implantar um programa econômico.

( ) O programa Fome Zero foi criado para atender às necessidades mínimas de sobrevivência de famílias de baixa renda.

( ) Enquanto esteve no poder, Lula não sofreu qualquer crise política.

( ) Em seus dois mandatos, Lula conseguiu diminuir a desigualdade social no Brasil.

9 O desemprego é um dos principais problemas que um país enfrenta. Procure, em jornais ou revistas, artigos e reportagens sobre o desemprego no nosso país. Anote o que achar mais importante para trocar ideias com os demais alunos.

_____

_____

_____

_____

Pesquisando

10 Pesquise sobre programas sociais atuais do governo federal. Faça uma síntese de cada um, enfatizando qual o grupo social mais beneficiado em cada situação.

Trabalhando em grupo

11 Troque ideias com o seu grupo sobre os principais problemas sociais que afetam o povo brasileiro e o que você acha que poderia ser feito para que fossem resolvidos.

12 Escolham um tema relacionado à cultura brasileira, por exemplo, cinema, teatro, literatura, artes plásticas, e pesquisem sua evolução ao longo do século XX e início do século XXI. Apresentem o resultado para a turma da forma que preferirem: com um vídeo, uma dramatização, um jornal, um *blog* na internet, uma exposição...

Glossário

Acirrar: crescer, estimular.

Anarco: o termo anarco vem de anarquistas, também chamados libertários, que defendiam uma sociedade na qual não existisse propriedade privada, dinheiro e qualquer tipo de autoridade. Os anarquistas chegaram ao Brasil durante o período monárquico e eram, em geral, de origem italiana.

Ancho: largo, amplo.

Anil: composto existente em algumas plantas, usado como corante.

Anistia: perdão geral.

Arbitrariedade: desrespeito a leis ou regras.

Armistício: acordo que suspende as hostilidades entre os lados envolvidos numa guerra.

Banal: vulgar.

Biscateiro: aquele que faz trabalhos esporádicos, conhecidos como "bico".

Bula: decreto papal.

Caifazes: paulistas das classes altas que auxiliavam a fuga de escravos e os enviavam ao Quilombo de Jabaquara.

Campo de extermínio: no texto, refere-se aos campos de concentração onde os judeus eram mantidos pelos nazistas. Nesses campos, um grande número de judeus foi morto.

Candeia: aparelho de iluminação abastecido com óleo.

Capataz: chefe de grupos de trabalhadores braçais.

Capitular: render-se, submeter-se, entregar-se.

Censitário: baseado na renda.

Charque: carne seca e salgada.

Chibata: no caso da Revolta da Chibata, era uma corda de linho, atravessada por agulhas de aço, usada para aplicar castigos nos marinheiros.

Conclamar: convocar.

Deleitar: deliciar.

Descolonização: processo de independência política das antigas colônias.

Deteriorar: danificar, estragar.

Distensão: relaxamento.

Edital: ato escrito oficial em que há uma determinação do governo.

Efeito estufa: é um fenômeno natural que mantém a Terra aquecida ao impedir que os raios solares sejam refletidos para o espaço e que o planeta perca seu calor. O que vem ocorrendo é o aumento do efeito estufa causado pelas intensas atividades humanas, sendo a principal delas a liberação de CO_2 (dióxido de carbono) na atmosfera. Ele é um dos gases que naturalmente contribuem para a o efeito estufa normal do planeta; seu aumento na atmosfera, porém, pode intensificar esse efeito, levando a um aquecimento maior do planeta.

Emissário: que é enviado em missão.

Entranhado: penetrado, enfiado.

Especular: valer-se de certa posição, de circunstância, de qualquer coisa para conseguir vantagens; explorar.

Estado de sítio: época em que cessam as garantias individuais.

Ética: conjunto de princípios e valores que guiam e orientam as relações humanas. (SOUZA, Herbert de. *Ética e cidadania.* São Paulo: Moderna, 1994.)

Exacerbado: aumentado, intenso.

Federalismo: é a forma de Estado adotada que consiste na reunião de vários estados num só, cada qual com certa independência, mas obedecendo a uma Constituição única.

Fictício: não existente, falso.

Fonógrafo: aparelho para reproduzir sons gravados em disco; eletrola.

Fóssil: o que se extrai do seio da terra; o que nela se encontra enterrado (diz-se de metais, minerais, rochas, gás natural etc.)

Fundiário: agrário.

Guerrilheiro: relativo à guerrilha (luta armada, empreendida por um movimento revolucionário, que combate um governo estabelecido ou forças de ocupação).

Herbicida: substância que mata ervas, plantas.

Honorário: sem desempenhar as funções de um cargo.

Inafiançável: sem fiança.

Insalubridade: qualidade do que é insalubre, isto é, provoca doenças.

Insurgente: que se rebelou contra algo.

Insurreição: rebelião, revolta.

Intentona: tentativa de motim ou revolta.

Jagunço: capanga.

Lastro: quantidade de ouro ou de bens que mantêm a moeda em circulação.

Liberal: movimento ou pessoa partidária da liberdade política e econômica. No texto, movimento de independência.

Masmorra: prisão subterrânea.

Místico: devoto, religioso, contemplativo.

Montepio: instituição em que cada membro, mediante uma cota nominal e outras condições, adquire o direito de, por morte, deixar pensão à sua família.

Moratória: aumento de prazo para o pagamento de uma dívida.

Nacionalista: política que privilegia o capital nacional para o desenvolvimento do país. Só em último caso o capital estrangeiro é aceito, ficando sob controle do governo.

Nazista: pessoa adepta do regime que vigorou na Alemanha na época de Hitler. Esse regime se caracterizava pelo grande poder do Estado, pelo militarismo, pelo nacionalismo exacerbado e pelo racismo.

Obstaculado: impedido.

Parcimônia: economia.

Perfil: aspecto.

Pioneiros: desbravadores; aqueles que estão entre os primeiros que penetram ou colonizam uma região.

Plebiscito: consulta da vontade popular.

Poder aquisitivo: poder de compra.

Polarização: oposição, em extremos opostos, de grupos, países, interesses etc.

Populismo: foi uma política de massas que buscava conduzir o trabalhador, possibilitando-lhe alguns ganhos e manipulando suas aspirações. Garantia alguns benefícios econômicos e sociais, mas atendia principalmente aos interesses das classes dominantes.

Ratificar: confirmar, reconhecer a validade, aprovar oficialmente um tratado.

Recesso: suspensão temporária das atividades.

Referendado: aprovado.

Revanchismo: tendência obstinada para a desforra.

Secessão: separação.

Segregar: isolar, separar para evitar contato.

Socapa: disfarce; fingimento, manha.

Subconsumo: consumo menor que a produção.

Subsidiar: auxiliar, ajudar.

Subvencionado: que recebe auxílio normalmente concedido pelos poderes públicos.

Subversivo: aquele que pretende transformar a ordem política.

Superprodução: produção maior que o consumo.

Supremacia: superioridade.

Tanoeiro: aquele que faz ou conserta tinas, barris, pipas etc.

Termoelétrica: usina termoelétrica ou usina termelétrica é uma instalação industrial usada para geração de energia elétrica/eletricidade a partir da energia liberada em forma de calor, normalmente por meio da queima de algum tipo de combustível fóssil (carvão, gás natural, petróleo).

Terrorista: relativo a terrorismo (emprego da violência para fins políticos; prática de atentados e destruições).

Indicação de leituras complementares

- **As guerras da independência**
  Arlenice Almeida da Silva
  São Paulo: Ática, 1995.
  O livro analisa as lutas na Bahia, Pará e Cisplatina contra os não partidários da Independência do Brasil.

- **O menino das canecas**
  Carlos Queiroz Telles
  São Paulo: Moderna, 1993.
  Obra ficcional com embasamento histórico que narra a trajetória de Frei Caneca, revolucionário que participou da Confederação do Equador.

- **A Confederação do Equador**
  Glacyra Lazzari Leite
  São Paulo: Ática, 1997.
  Esse retrato do movimento que lutou contra o autoritarismo de D. Pedro I considera a situação de Pernambuco no início do século XIX.

- **Revolução dos Farrapos**
  Moacyr Flores
  São Paulo: Ática, 1996.
  O livro aborda o significado da Revolução dos Farrapos.

- **As rebeliões regenciais**
  Roberson de Oliveira
  São Paulo: FTD, 1996.
  O livro aborda o significado da Sabinada, Balaiada, Cabanagem e Revolução Farroupilha.

- **A Revolução Praieira**
  Antônio Paulo Rezende
  São Paulo: Ática, 1997.
  Análise de um dos mais significativos conflitos do período monárquico.

- **O trabalho nas fazendas de café**
  Ana Luiza Martins
  São Paulo: Atual, 1994.
  O texto mostra o cotidiano das fazendas de café do século XIX.

- **A República do Progresso**
  Iara Schiavinatto Carvalho Souza
  São Paulo: Moderna, 1995.
  A obra apresenta os primórdios da vida urbana no Brasil, ao final do século XIX, cujo palco é o Rio de Janeiro, destacando os momentos importantes que deflagraram a república no Brasil.

- **A fábrica e a cidade até 1930**
  Nicolina Luiza de Petta
  São Paulo: Atual, 2002.
  O texto se constitui numa abordagem inovadora, em que estão associados o surgimento da produção mecanizada e a elaboração de uma nova cultura urbana.

- **As cidades brasileiras no pós-guerra**
  Ana Cláudia Fonseca Brefe
  São Paulo: Moderna, 1995.
  A autora analisa o processo de crescimento e a organização do espaço urbano das cidades do Rio de Janeiro, São Paulo, Belo Horizonte e Brasília, após a guerra.

- **A ordem é o progresso**
  Margarida de Souza Neves e Alda Heizer
  São Paulo: Atual, 1991.
  A efervescência das ideias republicanas até a Proclamação da República e os primeiros anos da república são os destaques desta obra.

- **Indústria, trabalho e cotidiano**
  Maria Auxiliadora Guzzo de Decca
  São Paulo: Atual, 1991.
  O nascimento e a consolidação da indústria, vinculados às relações de trabalho, são analisados ao sabor da história do cotidiano.

- **Uma trama revolucionária? Do tenentismo à Revolução de 30**
  Antônio Paulo Rezende
  São Paulo: Atual, 1990.
  O autor recupera de maneira crítica a crise constitucional dos anos 1920, apresentando uma visão convincente desde o tenentismo até a Revolução de 1930.

- **Nos tempos de Getúlio**
  Sônia de Deus Rodrigues Bercito
  São Paulo: Atual, 2000.
  De uma forma crítica e descontraída, a autora apresenta o governo Vargas desde a sua instalação no poder republicano, em 1930, até o fim do Estado Novo, em 1945.

- **A Guerra de Canudos**
  Francisco Marins
  São Paulo: Ática, 1998.
  De maneira leve e competente, o autor mostra o fascinante tema da saga dos Canudos, que gerou um conflito, o qual pôs em xeque o Estado brasileiro.

- **1932: a guerra dos paulistas**
  Luiz Galdino
  São Paulo: Ática, 1996.
  O autor apresenta um fato pouco conhecido na História do Brasil, porém decisivo na consolidação do governo Vargas, após a Revolução de 1930.

- **Revolta da Vacina**
  José Carlos Sebe Bom Meihy e Claudio Bertolli Filho
  São Paulo: Ática, 1995.
  Um dos episódios dos movimentos populares brasileiros foi a Revolta da Vacina, abafada por intensa repressão policial.

- **De Getúlio a Getúlio**
  Francisco Fernando Monteoliva Doratioto e José Dantas Filho
  São Paulo: Atual, 1991.
  O texto aborda de forma flexível o período da História do Brasil que corresponde ao governo Dutra e o governo Vargas, do retorno ao suicídio.

- **A República Bossa-Nova**
  José Dantas Filho
  São Paulo: Atual, 1991.
  Ao destacar o movimento artístico da bossa-nova, os autores salientam a democracia populista entre 1954 e 1964.

- **Em nome da segurança nacional**
  Maria Helena Simões Paes
  São Paulo: Atual, 1995.
  A autora analisa os momentos difíceis da História recente do Brasil, abordando a ditadura militar instalada em 1964, o fechamento político determinado pelo AI-5 e a resistência.

- **O Brasil da Abertura**
  Marly Rodrigues
  São Paulo: Atual, 1990.
  Análise do processo histórico brasileiro que levou à distensão gradual da ditadura militar e os movimentos populares do período.

Saiba pesquisar na internet

"É melhor ensinar a pescar do que dar um peixe." Esse ditado vale, e muito, para a Internet. Como os nomes dos sites mudam constantemente, é melhor você aprender como achar informações nessa rede mundial.

Há vários tipos de programas de busca na Internet, entre eles sugerimos:
- Google (**www.google.com.br**) – em português.
- Busca Uol (**http://busca.uol.com.br**) – site brasileiro.
- Yahoo! Cadê? (**http://cade.search.yahoo.com**) – em português.
- AltaVista (**www.altavista.com**).

Para começar o trabalho, depois de abrir a página de busca, é preciso digitar um assunto e pressionar o botão Busca (para sites em português) ou Search (para sites em inglês). Ou simplesmente pressionar a tecla Enter.

Os sites de programas de busca mais tradicionais permitem fazer uma pesquisa mais refinada, eliminando ou acrescentando palavras.

Se você quer sites que falem sobre **Era Vargas**, por exemplo, deve digitar as duas palavras usando a conjunção **e**: era e **vargas** (leia mais no quadro a seguir).

Outros sites já embutem o método em campos. Você preenche um formulário dizendo se quer sites que contenham todas as palavras digitadas ou se quer sites em que as palavras apareçam em uma determinada ordem. Alguns sites permitem que você escolha o idioma do resultado de sua pesquisa. Por exemplo, você pode solicitar informações sobre o **Museu do Louvre**, mas somente informações em **português**. Nesse caso, podem existir sites no Brasil (geralmente de universidades) para esse museu.

Uma das dúvidas que podem surgir durante o trabalho é quando o mecanismo de busca não traz nenhum resultado para sua pesquisa. Nesse caso, tente sinônimos ou palavras genéricas.

Adaptado de *Folha Informática*, out.1999.

Dicas para busca na Internet

(aspas) – para definir uma frase na ordem desejada.
Exemplo: "imperador Dom Pedro II". Assim, evita resultados como imperador Dom Pedro.
(asterisco) – após digitar uma palavra, a fim de conseguir respostas que comecem com parte de uma palavra.
Exemplo: comunis* vai trazer resultados como comunista e comunismo.
(o sinal menos) para eliminar uma palavra ou frase no resultado.
Exemplo: revolta – chibata vai trazer sites que contenham a palavra revolta sem o tópico chibata.
a letra e se o objetivo for achar as palavras em uma mesma página.
Exemplo: revolta dos marinheiros e revolta da chibata e João Cândido.
ou para encontrar qualquer uma das palavras digitadas.
Exemplo: *revolta dos marinheiros* **ou** *revolta da chibata* **ou** *João Cândido*.
Obs.: em alguns sites, em vez de usar **e/ou,** prefira **and** e **or** ("e" e "ou", em inglês)

Alguns *sites* de interesse na Internet

(Acesso em: jan. 2012.)

NO BRASIL

Arquivo Histórico Municipal Washington Luís/SP: http://portal.prefeitura.sp.gov.br/secretarias/cultura/arquivo_historico

BBC Brasil: www.bbc.co.uk/portuguese/

Biblioteca Mario de Andrade: http://portal.prefeitura.sp.gov.br/secretarias/cultura/bma

Biblioteca Nacional/RJ: www.bn.br

Centro Cultural São Paulo: www.centrocultural.sp.gov.br

Departamento do Patrimônio Histórico da Cidade de São Paulo: http://portal.prefeitura.sp.gov.br/secretarias/cultura/patrimonio_historico

Fundação Casa de Rui Barbosa: www.casaruibarbosa.gov.br

Fundação Cultural Palmares: www.palmares.gov.br

IBGE: www.ibge.gov.br

Instituto de Estudos Brasileiros/USP: www.ieb.usp.br

Instituto do Patrimônio Histórico e Artístico Nacional.: www.iphan.gov.br

Jornal *A Tarde*: www.atarde.com.br

Jornal *Correio Braziliense*: www.correioweb.com.br

Jornal do Brasil online: www.jbonline.terra.com.br

Jornal *Folha de S.Paulo* online: www1.folha.uol.com.br/fsp

Jornal *O Estado de Minas*: www.estaminas.com.br

Jornal *O Estado de S. Paulo*: www.estado.com.br

Jornal *O Globo* online: www.oglobo.globo.com

Jornal *Zero Hora*: www.zh.com.br

Le Monde Diplomatique Brasil: http://diplo.uol.com.br/

Museu de Arqueologia e Etnologia da USP (MAE): www.mae.usp.br

Museus Castro Maya: www.museuscastromaya.com.br

Museu Histórico Nacional: www.museuhistoriconacional.com.br

Museu Imperial: www.museuimperial.gov.br

Museu do Índio: www.museudoindio.org.br

Museu Paulista (Museu do Ipiranga): www.mp.usp.br

Museu da República: www.museudarepublica.org.br

Revista *Aventuras na História*: www.historia.abril.com.br

Revista *Ciência Hoje* (Inst. Ciência Hoje – SBPC): www.cienciahoje.uol.com.br

Revista *ComCiência* (SBPC): www.comciencia.br/comciencia

Revista *Eletrônica de História do Brasil*: www.rehb.ufjf.br

Revista *Época*: www.revistaepoca.globo.com

Revista *Galileu*: www.revistagalileu.globo.com

Revista de História da Biblioteca Nacional: www.revistadehistoria.com.br

Revista *História Hoje* (Ampuh): www.anpuh.uepg.br/historia-hoje

Revista *História Viva*: www2.uol.com.br/historiaviva

Revista *IstoÉ*: www.terra.com.br/istoe/

Revista *Nova Escola*: www.revistaescola.abril.com.br

Revista *Superinteressante* (arquivo de todas as edições): http://super.abril.com.br/superarquivo/index_superarquivo.shtml

Revista *Superinteressante*: http://super.abril.com.br/super

Revista *Veja*: www.vejaonline.abril.com.br

Revista Virtual de História *Klepsidra*: www.klepsidra.net

NO EXTERIOR

Biblioteca Britânica: www.bl.uk (em inglês)

Biblioteca do Congresso/EUA: www.lcweb.loc.gov (em inglês)

Biblioteca Nacional Central de Roma (Itália): www.bncrm.librari.beniculturali.it

Biblioteca Nacional de Espanha: www.bne.es (em espanhol)

Biblioteca Nacional/Paris-França: www.bnf.fr (em francês)

Bibliotecas Nacionais do Mundo: www.pesquisa.bn.pt/bn-mundo (em português)

Galeria dos Ofícios (Florença – Itália): www.firenzemusei.it/uffizi (em italiano)

Guia de Museus da Cultura Pré-Colombiana: www.sobresites.com/culturaprecolombiana/museus.htm (em português)

Museu Arqueológico de Atenas: www.culture.gr (opção em inglês)

Museu Britânico (Londres – Inglaterra): www.britishmuseum.org (em inglês)

Museu do Estado Russo: www.rusmuseum.ru (opção em inglês)

Museu de Israel: www.english.imjnet.org.il (em inglês)

Museu do Louvre (Paris – França): www.louvre.fr (em francês)

Museu d'Orsay (França): www.musee-orsay.fr (em francês)

Museu do Prado (Madri – Espanha): www.meuseoprado.mcu.es (em espanhol)

Museu Egípcio (Cairo – Egito): www.egyptianmuseum.gov.eg (em inglês)

Museu Histórico Alemão: www.dhm.de/ENGLISH (em inglês)

Museu Metropolitano de Nova York: www.metmuseum.org (em inglês)

Referências bibliográficas

ALENCAR, Chico; RIBEIRO, Marcos V.; CECCON, Claudius. *Brasil vivo*. Rio de Janeiro Vozes, 1993.

CHIAVENATO, Júlio José. *Genocídio americano*: a Guerra do Paraguai. São Paulo: Brasiliense, 1988.

DANTAS FILHO, José; DORATIOTO, Francisco F. M. *A República Bossa Nova*. São Paulo: Atual, 1991.

DECCA, Maria Auxiliadora Guzzo de. *Indústria, trabalho e cotidiano*. Brasil (1889-1930). São Paulo: Atual, 1992.

DEL PRIORI, Mary; NEVES, Maria de Fátima; ALAMBERT, Francisco. *Documentos de História do Brasil*. São Paulo: Scipione, 1997.

DERENGOSKI, Paulo Ramos. *O desmoronamento do mundo jagunço*. Florianópolis: FCC Edições, 1986.

DICIONÁRIO de História do Brasil. São Paulo: Melhoramento, 1976.

DIMENSTEIN, Gilberto. *O cidadão de papel*. São Paulo: Ática, 2000.

FAUSTO, Boris. *História do Brasil*. São Paulo: Edusp, 2000.

FIGUEIREDO, Aldrim Moura de. *No tempo dos seringais*. São Paulo: Atual, 1997. (A Vida no Tempo).

HOLANDA, Sérgio Buarque de. *História geral da civilização brasileira*. São Paulo: Bertrand Brasil, 1990.

LEITE, Glacyra Lazzari. *A Confederação do Equador*. São Paulo: Ática, 1996.

MARIM, Marilu Favarin. *Trabalho escravo, trabalho livre*. São Paulo: FTD, 1996. (Para Conhecer Melhor).

MARTINS, Ana Luiza. *O trabalho nas fazendas de café*. São Paulo: Autal, 1994. (A Vida no Tempo do café).

MARTINS, Ana Luiza. *República – um outro olhar*. São Paulo: Contexto, 1996. (Repensando a História).

MELLO, João M. C. de. *O capitalismo tardio*. São Paulo: Brasiliense, 1995.

NEVES, Margarida de Souza; HEIZER, Alda. *Ordem e Progresso*. São Paulo: Atual, 1991.

NOSSO Século: 1930-45. São Paulo: Abril Cultural, s.d.

NOSSO Século: 1960-1980. São Paulo: Abril Cultural, s.d.

OLIVIERI, Antônio Carlos. *Canudos*. São Paulo: Ática, 1994. (Guerras e Revoluções Brasileiras).

PAES, Maria Helena Simões. *Em nome da Segurança Nacional*. São Paulo: Atual, 2000. (História em Documentos).

RODRIGUES, Marly. *O Brasil da abertura*. São Paulo: Atual, 1990. (História em Documentos).

SAGA. São Paulo: Abril Cultural, s.d. v. 2.

SALVADORI, Maria Angela Borges. *Cidades em tempos modernos*. São Paulo: Atual, 2000. (A Vida no Tempo).

SILVA, Arlenice Almeida da. *As guerras da independência*. São Paulo: Ática, 1995.

SILVA, Francisco Carlos T. da. Brasil, em direção ao século XXI. In: *História Geral do Brasil*. São Paulo: Campus.

SOLO, José Antônio. *Canudos*: uma utopia no sertão. São Paulo: Contexto, 1997. (Repensando a História).

SOUSA, Octavio Tarquínio de. *História dos fundadores do imério do Brasil*. Rio de Janeiro: José Olympio, 1972.

TRIUMPHO, Vera. *Rio Grande do Sul*: aspectos da negritude. Porto Alegre: Martins, 1991.

A economia na República Velha (1ª metade...)

Borracha
Pecuária

Oceano Atlântico